Jutta Eckes / Lisa Pirazzi

Flüssiges Italienisch

Mit Redensarten zu mehr Eloquenz

Illustrationen Mathias Hütter

Buchkonzept Christof Kehr

Rowohlt Taschenbuch Verlag

IMPRESSUM

5. Auflage April 2009

Originalausgabe
Veröffentlicht im
Rowohlt Taschenbuch Verlag,
Reinbek bei Hamburg, August 2001

Copyright © 2001 by Rowohlt Taschenbuch Verlag GmbH,
Reinbek bei Hamburg

Umschlaggestaltung Britta Lembke

Layout Iris Christmann/Alexander Urban

Satz Times und Futura Postscript

QuarkXPress 4.0

Gesamtherstellung
CPI – Clausen & Bosse, Leck

Printed in Germany
ISBN 978 3 499 61185 8

INHALT

Da lernt man nun schon seit zwei, drei oder mehr Jahren Italienisch, fährt ins Land, trinkt den ersten *caffè* auf der *piazza*, schlägt eine italienische Zeitung auf und liest die Schlagzeile: *Giallo: lucciola uccisa in periferia.* Mit Hilfe des Wörterbuchs kommt dabei ungefähr folgende Übersetzung heraus: «Gelb: Glühwürmchen in der Peripherie ermordet.» Da scheint etwas nicht zu stimmen. Die richtige Übersetzung müsste lauten: «Krimi: Prostituierte in der Peripherie ermordet.» Um darauf zu kommen, muss man wissen, dass der Krimi in der italienischen Umgangssprache *giallo* genannt wird, weil es einmal eine Krimireihe in Groschenheftchenformat mit gelbem Einband gab. Seitdem heißen alle Krimis *giallo*. Wissen muss man auch, dass Prostituierte, ihres flirrenden Nachtlebens wegen, mit Glühwürmchen verglichen werden. Da hilft das normale Schulwörterbuch nicht weiter. Doch selbst ein umfangreicher *dizionario* liefert allenfalls die sinngemäße Übersetzung einer Wendung, ohne Kontext und ohne Hinweise darauf, wie diese zu benutzen sei.

Um Missverständnisse oder gar völliges Unverständnis zu vermeiden, braucht man entweder die Hilfe eines Muttersprachlers, oder man versucht, mit *Flüssiges Italienisch* den verborgenen Rätseln der Sprache auf die Spur zu kommen, um besser zu verstehen und um die eigene Sprachfähigkeit mit idiomatischen Wendungen zu bereichern. Denn mit korrektem, hochsprachlichem Italienisch allein ist einem nicht geholfen. Ein italienischer Freund könnte beispielsweise davon berichten, dass er seinen Onkel in der Stadt getroffen und dieser ihm *attaccato un bottone,* also «einen Knopf angenäht» habe. Er, der Onkel, wisse nun nämlich, dass seine Nachbarin *in stato interessante*, «in einem interessanten Zustand» sei. Was war da mit dem Onkel? Er hat erstens ihren italienischen Freund voll gequatscht *(attaccare un bottone)* und zweitens ihn dabei wissen lassen, dass seine Nachbarin schwanger ist *(in stato interessante)*.

Kommunikative Hürden dieser Art nimmt man nicht

allein, und *Flüssiges Italienisch* möchte dabei helfen, den Weg zum besseren Verständnis von umgangssprachlichen Wendungen, Floskeln und Sprichwörtern zu ebnen, die das Salz in der Suppe jeder Sprache sind.

Für dieses Buch haben wir fast 1000 Wendungen gesammelt, die Sie in alphabetischer Reihenfolge unter der Überschrift *Modi di dire A–Z* mit deutscher Übersetzung finden. Bei der Übersetzung wurde Wert darauf gelegt, eine ungefähre sprichwörtliche Entsprechung im Deutschen zu finden, sofern es eine gibt. Viele *espressioni idiomatiche* sind mit den deutschen Wendungen identisch, wie beispielsweise «unire l'utile al dilettevole» (das Angenehme mit dem Nützlichen verbinden), manche sind dem Deutschen ähnlich, zum Beispiel «assomigliarsi come due gocce d'acqua» (einander ähneln wie zwei Wassertropfen), wieder andere haben mit dem Deutschen gar nichts zu tun (siehe Beispiele oben).

In einem weiteren Verzeichnis (*Consultazione tematica*) sind die rund 1000 Wendungen auf 20 Sachgruppen verteilt worden, die Ihnen das thematische Nachschlagen erleichtern sollen. Zwanzig Kategorien sind für fast 1000 Redewendungen eigentlich nicht ausreichend und insofern nur eine kleine Orientierungshilfe. Wir haben allerdings ein bisschen gemogelt und bei Kategorien, die besonders viele Begriffe enthalten, wie etwa «Menschliches», Untergruppen gebildet, sodass Sie Genaueres unter den Stichwörtern «Fähigkeiten, Begabungen», «Freude, Glück, Temperament» usw. finden.

Aus den knapp 1000 Wendungen wiederum wurden 80 herausgefiltert und in einen Dialogkontext gestellt, sodass Sie lernen, wie die idiomatischen Ausdrücke oder Sprichwörter in den Sprachfluss passen. In acht Kapiteln werden jeweils zehn Wendungen «verarbeitet», die immer zu einer Themengruppe gehören. Der Themenbezug ergibt sich hier jedoch (anders als beim thematischen Nachschlageverzeichnis) aus der wörtlichen Bedeutung der *espressione idiomatica*. Deshalb gehört beispielsweise eine Wendung wie «attaccare un bottone» («einen Knopf annähen» = jemanden voll quatschen) zum Kapitel «Utensili ed accessori» (Werkzeug und Zubehör) und nicht wie in der thematischen Nachschlageliste zur Gruppe «Sprache / Kommunikation / Verstehen».

In jedem Kapitel gibt es zwei abgeschlossene Geschichten zu lesen, in denen die jeweiligen zehn Wendungen vorkommen. Die erste Geschichte ist dabei immer mit ungeraden Zahlen versehen (1, 3, 5 ...) und steht auf der oberen Seitenhälfte, die zweite Geschichte folgt den geraden Zahlen (2, 4, 6 ...) und steht darunter. Die Redewendung, auf die es ankommt, ist im Text fett gedruckt und wird am unteren Seitenrand einmal sinngemäß und einmal wörtlich (in Klammern) wiedergegeben. Lassen Sie sich von der wörtlichen Übersetzung nicht abschrecken, die manchmal merkwürdig falsch klingt.

Am besten gehen Sie folgendermaßen vor: Sie lesen zuerst Geschichte 1 und blättern dabei zum Vokabular (Sie finden es direkt im Anschluss an die Lektion), damit Sie alles richtig gut verstehen können. Ebenso verfahren Sie mit Geschichte 2 – die Wendung, auf die es ankommt, ist Ihnen aus Geschichte 1 schon bekannt, sodass Sie die Lektüre der zweiten Geschichte vielleicht schon etwas müheloser schaffen. Auch bei der zweiten Geschichte wird Ihnen der Blick in den Vokabelteil der Lektion helfen.

Da es sich bei *Flüssiges Italienisch* um ein Buch für Fortgeschrittene handelt, setzen wir eine Vokabelkenntnis von rund 1000 Wörtern voraus. Deshalb finden Sie in den Vokabelteilen der Lektionen nur die Begriffe (in der Reihenfolge ihres Auftretens), von denen wir annehmen, dass sie Ihnen nicht geläufig sind.

Im Anhang sind unter *Vocaboli utili* (nützliche Vokabeln) noch einmal alle neuen Wörter alphabetisch aufgelistet, die nicht zum Repertoire der Redewendungen gehören. So können Sie jederzeit nachschlagen – egal an welcher Stelle des Buches Sie gerade sind.

Am Ende jedes Kapitels finden sich noch vier Übungen, die das gerade Gelernte einschleifen helfen: zwei Multiple-Choice-Übungen, einfach zum Ankreuzen, eine Übung, in der erkannt werden soll, welche idiomatische Redewendung sich hinter der Umschreibung verbirgt (der Satzteil, nach dem gefragt wird, steht in Kursivdruck), und schließlich eine Übersetzungsübung.

Die Lösungen zu allen Übungen finden Sie im Anhang in den *Soluzioni* (Lösungsschlüssel).

Wenn Sie achtzig *espressioni idiomatiche* richtig verwenden können, ist das schon eine reife Leistung – «Tanto di cappello!» (Hut ab!), doch um die Dialoge noch alltagsnäher, umgangssprachlicher und authentischer zu gestalten, haben wir wesentlich mehr Wendungen eingebaut, deren Übersetzung Sie immer in den Vokabelteilen der Lektionen finden. Zusätzlich zeigt Ihnen die Bezifferung in den beiden Nachschlagelisten (*Modi di dire A–Z* und *Consultazione tematica*), wo welche Ausdrücke vorkommen. Auf diese Weise können Sie sich immer noch einmal den Kontext vergegenwärtigen, der zu einem Ausdruck gehört.

Abschließend noch ein Tipp: Versuchen Sie nicht, mit aller Gewalt in jeden Satz eine Redewendung oder ein Sprichwort einzubauen – das klingt komisch, vor allem wenn es aus dem Mund eines Nichtmuttersprachlers kommt. Versuchen Sie ein Gespür dafür zu entwickeln, welche Wendungen von Italienern selbst häufiger verwendet werden, hören Sie aufmerksam und mit kritischem Ohr hin. Achten Sie darauf, mit welchem Tonfall und in welcher Situation etwas gesagt wird, und plappern Sie einmal Gehörtes nicht einfach nach, «per non fare una gaffe», um nicht ins Fettnäpfchen zu treten. Erst wer sich seiner Sache weitgehend sicher ist, sollte den Sprung ins kalte Wasser wagen und wird dann auch sicherlich das eine oder andere Lob von Muttersprachlern ernten: «Complimenti, parli proprio un buon italiano!».

ANIMALI E PIANTE

Amici in difficoltà

1 Giulio?
Sì, cara.
Devo prenotare il tavolo per l'ultimo dell'anno … ma Piero e Claudia vengono o no?
Claudia mi ha telefonato ieri per disdire. Preferiscono festeggiare a casa.
Strano. Di solito gli piace darsi alla pazza gioia.
Sì, ma …
Allora sarà perché Claudia non ha il vestito adatto!
No, non c'entra niente … lei e Piero hanno piuttosto dei problemi finanziari e …
Tu dici? … **allora è qui che casca l'asino**.

L'età difficile

2 Sono preoccupata, Chiara, sai, mio figlio Gianni è cambiato molto negli ultimi mesi.
Sì, l'ho notato anch'io … ma non ti devi preoccupare.
So che è un'età difficile, ma ci dev'essere anche un'altra ragione per il comportamento strano di Gianni: si chiude sempre in camera, mangia poco, non parla … sai, una volta comunicava, era più aperto … non ci capisco più niente.
Forse posso aiutarti a svelare il segreto …
Cosa intendi?
La settimana scorsa l'ho visto con una ragazza.
Sarà stata una sua compagna di classe …
Non credo … i ragazzi della sua classe li conosco …
Allora tu dici che comincia ad interessarsi di ragazze?
Direi di più … è innamorato!
Forse hai ragione … è sempre con la testa fra le nuvole, gli manca l'appetito, quindi è **qui che casca l'asino**!
Probabilmente sì.

È qui che casca l'asino.
Da liegt der Hase im Pfeffer.
(Da fällt der Esel hin.)

11

3 Disoccupazione

Sì, purtroppo la situazione è molto seria.
Come mai? Che è successo?
Guarda … non ci volevo credere … Piero è disoccupato da due mesi.
Da due mesi? … impossibile … Claudia mi avrebbe detto qualcosa …
Eh, Claudia l'ha saputo solo ieri.
Ma tu stai scherzando …
No no, dico sul serio … Piero non aveva il coraggio di dirglielo …
E lei non ha notato niente? Per due mesi?
No, perché lui ha fatto finta di andare al lavoro.
Mamma mia. E così ha **sputato il rospo** solo ieri.
Sì.
Dio mio …

4 Confessioni

Ho parlato con Gianni, Chiara.
E allora?
Ha sputato il rospo … è da un bel po' che ha preso una cotta per quella ragazza.
E lei? Ci sta?
Mmh … non so … non è che Gianni mi abbia detto molto.
Io nel frattempo mi sono informata … quella ragazzina si chiama Beatrice ed è una vera bellezza. Ha un sacco di spasimanti …
Quindi Gianni avrà qualche concorrente …
Sicuramente … ce n'è uno soprattutto … e sai chi?
No, come faccio a saperlo?
È mio nipote, Angelo.

!

sputare il rospo
mit der Sprache rausrücken
(die Kröte ausspucken)

Il licenziamento

5   Claudia ti ha spiegato perché l'hanno licenziato?
*Buona domanda. Nella sua versione è un
licenziamento dovuto a «cambiamenti strutturali
dell'azienda» ...*
Ma secondo te non è così?
*Eh no ... un collega di Piero mi ha raccontato una versione
ben diversa ...*
E cioè?
Piero aveva una relazione con la segretaria del suo capo.
Non ci credo! Sono i soliti pettegolezzi che si raccontano
alle spalle di qualcuno.
Io ci credo invece ... so che Piero è un gran donnaiolo ... io
conosco i miei polli.

Il concorrente

6   Tuo nipote? Quello bello, alto, atletico?
Sì, proprio lui.
Oddio!
*Eh, lo so che è una bella concorrenza, soprattutto perché
Angelo ce la metterà tutta per conquistare quella ragazza
...* **io conosco i miei polli** *...*
Allora secondo te Gianni si deve subito arrendere?
*Ma no! È sempre Beatrice che deve scegliere ... e tu sai che
alle donne piacciono gli uomini sensibili, un po'
sognatori ... come Gianni ...*
Ma, vedremo ...

conoscere i propri polli
seine Pappenheimer kennen
(seine Hühner kennen)

!

L'uomo non cambia mai

7

Ma Piero è veramente un tipo strano … non lo capisco.

Perché?

Ha una bellissima moglie ma le mette le corna.

Però la segretaria del suo capo non è niente male.

Siete proprio dei porci, voi uomini …

Macché porci … è solo che la propria moglie, … sai … la conosci bene …

E che vuol dire? Non è mica una ragione per tradirla!

No, non volevo dire questo … ma anche se uno ha una bellissima moglie …

… **l'erba del vicino è sempre più verde, ho capito**.

Tra due donne

8

E poi c'è un altro ostacolo …

In che senso?

Mio nipote ha già la fidanzata.

Ha la fidanzata e fa il filo a un'altra?

*Eh, sai che **l'erba del vicino è sempre più verde,** e lui non è abituato a rinunciare. I suoi genitori l'hanno viziato troppo.*

E avrà sicuramente gioco facile essendo un ragazzo così carino.

È vero, purtroppo: la bellezza comincia a rovinargli il carattere.

L'erba del vicino è sempre più verde.
Die Kirschen aus Nachbars Garten schmecken immer besser.
(Das Gras des Nachbarn ist immer grüner.)

Debiti

9 E Piero che farà adesso?

*Buona domanda … **non sa che pesci pigliare**.*

Ci credo … ma Claudia non sa niente della segretaria?

No, fortunatamente no … è soltanto disperata per la situazione finanziaria.

E non hanno dei risparmi in banca?

Anzi, hanno ancora dei debiti … non ricordi che Piero ha comprato la barca a vela l'anno scorso?

È vero … allora dovrà cercarsi un nuovo lavoro il più presto possibile.

Eh, speriamo che trovi qualcosa. Nella situazione attuale non è mica facile.

Certo … ma forse ho un'idea …

Eh? Dimmi!

La delusione

10 Ciao Chiara …

Ma che hai? Ti vedo giù …

Eh, in effetti … è per Gianni, poveretto.

Perché? Che è successo?

Ieri sera ha visto Beatrice insieme ad Angelo in una pizzeria.

Ma non vuol dire niente.

Come non vuol dire niente? Gianni **non sa più che pesci pigliare**. È totalmente giù di morale.

Allora tocca a noi aiutarlo.

Ma come vuoi aiutarlo?

Lascia fare a me … ho un'idea.

non sapere che pesci pigliare/prendere
sich keinen Rat wissen; nicht wissen, was man tun soll
(nicht wissen, welche Fische man fangen/nehmen soll)

11 **Altri ospiti**

Dunque, prima di tutto Piero e Claudia devono venire alla festa del 31 dicembre …

E allora?

Abbi pazienza! Oltre a Piero e Claudia inviteremo anche i Rossi.

I Rossi? Ma non li vediamo da una vita …

Appunto. Ma l'ultimo dell'anno è una buona occasione per rivederli, non ti pare?

Ma cosa c'entra con i problemi di Piero?

Adesso ci arrivo: Franco Rossi lavora nello stesso settore di Piero … tra l'altro in una grande azienda.

Comincio a capire …

Potremmo **prendere due piccioni con una fava**: noi rivedremo finalmente i Rossi e forse viene fuori un nuovo lavoro per Piero, che ne dici?

Ottima idea!

12 **La soluzione**

Fammi capire …

Il prossimo fine settimana faremo una cena a casa mia.

Ma cosa c'entra?

Aspetta … inviteremo Gianni, Beatrice e Angelo con la sua fidanzata.

Sarà un disastro!

*Ma no! Anzi, **prenderemo due piccioni con una fava**: quando Beatrice saprà che Angelo ha la fidanzata non si interesserà più di lui …*

… anzi, lo considererà un brutto porco traditore …

… e tornerà da Gianni.

E nello stesso tempo si consoliderà il rapporto tra Angelo e la sua fidanzata.

Hai capito al volo, cara.

prendere due piccioni con una fava
zwei Fliegen mit einer Klappe schlagen
(zwei Tauben mit einer Saubohne fangen)

!

13 **Il cognato dei Rossi**

Ho telefonato ai Rossi, Giulio …
E che hanno detto?
Vengono volentieri … ma porteranno anche un'altra
persona.
Per me va bene, così sarà più divertente.
Mah, non so … è il loro cognato, ti ricordi?
*Il cognato … il cognato … ma non mi dirai che è quel **pesce
lesso** che abbiamo conosciuto due anni fa?*
È proprio lui, il pesce lesso.
Mamma mia!

14 **Dopo la cena**

Vedi che è andata bene.
È vero, ha funzionato a meraviglia … Gianni è
felicissimo.
*Angelo invece è incavolato. Mi ha detto che non capisce
come una ragazza favolosa come Beatrice si possa mettere
con **un pesce lesso** come Gianni.*
Gianni un pesce lesso? Ma cosa dici?
L'ha detto Angelo … per la rabbia …

! **un pesce lesso**
ein farbloser (nichts sagender) Mensch
(ein gekochter Fisch)

Pregiudizi

15

Per me va bene ...
Mmh, insomma ...
Ma vuoi che troviamo un lavoro per Piero o no?
Sì, certo ... ma l'idea di festeggiare l'ultimo dell'anno con il cognato dei Rossi non è entusiasmante.
Ma dai, prima di tutto ci saranno anche altre persone con cui potrai parlare ...
Per fortuna!
... e poi «il pesce lesso» ha anche le sue qualità.
Qualità? Stai scherzando ... quel tipo è noiosissimo!
Tu esageri, Giulio!
No, cara, lui è il tipico commercialista ... sono tutti noiosi!
Non **fare di ogni erba un fascio**, Giulio ... sono solo pregiudizi.

Pregiudizi

16

... sai, quando è arrabbiato tira fuori i pregiudizi.
E che tipo di pregiudizi sono?
Per esempio che tutti i ragazzi che frequentano il liceo classico sono dei pesci lessi.
Ma non è vero!
Mamma mia ... non essere così nervosa!
Non sono nervosa, ma non vorrei che tuo nipote **facesse di ogni erba un fascio**. Posso solo ripeterti che i ragazzi del liceo classico sono piuttosto in gamba.
Va be', va be'... ho capito!

fare di ogni erba un fascio
alles über einen Kamm scheren
(aus jedem Kraut ein Bündel schnüren)

!

Capodanno

Vedi che è stata una bella festa …
Bellissima … perché il pesce lesso ti ha fatto il filo.
Macché, non mi ha fatto il filo! Solo che non è così noioso come pensavo. E tu non ti puoi mica lamentare: Giulio beato tra le donne … eri **il gallo nel pollaio**!
Ma questa volta TU esageri!
No no, era proprio così … ma non importa …
E secondo te abbiamo fatto bene a presentare Piero a Franco Rossi?
Penso di sì … ad ogni modo ho sentito che hanno fissato un appuntamento.
E servirà a qualcosa?
Dipende …

Poca speranza

In ogni modo abbiamo fatto bene a dare questa piccola lezione ad Angelo.
È vero … di tanto in tanto bisogna dargli una regolata.
Anche se non servirà a molto …
Perché? Nel nostro caso è servita sì.
Va bene, ma rimarrà sempre **il gallo nel pollaio** … è un tipo che piace alle donne.
Hai ragione … con o senza Beatrice non cambia niente …
Speriamo che resti almeno fedele alla sua fidanzata …

il gallo nel pollaio
der Hahn im Korb
(der Hahn im Hühnerstall)

19 Il donnaiolo

Come dipende?
Dipende molto ma molto dal comportamento di Piero!
Cosa intendi?
Non hai visto come Piero ha strizzato l'occhio alla Rossi?
Alla moglie di Franco?
Certo.
Ma impossibile … subito dopo la storia con la segretaria del suo capo.
È possibile sì invece … avevi ragione: è un gran donnaiolo!
*Se fossi in lui, potrei fare a meno, ma **il lupo perde il pelo, ma non il vizio**.*

20 Sempre lo stesso

Eh, speriamo … per il momento fa il bravo.
Dici?
Me l'ha detto la sua fidanzata.
Ma io l'ho visto ieri con un'altra ragazza.
Non me lo dire!
Che ci vuoi fare, Chiara? Angelo è fatto così.
Quindi secondo te …
… secondo me il **lupo perde il pelo ma non il vizio**.

Il lupo perde il pelo ma non il vizio.
Die Katze lässt das Mausen nicht.
(Der Wolf verliert zwar sein Fell, aber nicht seine Laster.)

VOCABOLIO

1. Amici in difficoltà

l'ultimo dell'anno
der letzte (Tag) des Jahres,
Silvester
darsi alla pazza gioia
sich ins Vergnügen stürzen
(non) c'entra
das hat (nichts) damit zu tun
finanziario
finanziell

2. L'età difficile

la ragione
der Grund, die Ursache
il comportamento
das Verhalten
chiudersi
sich einschließen
una volta
früher
comunicare
sich unterhalten, mitteilen
svelare
enthüllen, lüften (Geheimnis)
il segreto
das Geheimnis
intendere
meinen, beabsichtigen
la compagna di classe
die Klassenkameradin
avere ragione
Recht haben
la testa fra le nuvole
der Kopf in den Wolken
quindi
also

3. Disoccupazione

la disoccupazione
die Arbeitslosigkeit
impossibile
unmöglich

scherzare
Witze machen
il coraggio
der Mut
fare finta di
so tun als ob

4. Confessioni

la confessione
die Beichte, das Geständnis
da un bel po'
seit geraumer Zeit
prendere una cotta per qualcuno
sich in jemanden verknallen
starci
dabei sein, mitmachen
nel frattempo
inzwischen
la ragazzina
das Mädchen
lo spasimante
der Verehrer
il/la concorrente
der/die Konkurrent/in

5. Il licenziamento

dovuto a
aufgrund von, wegen
il cambiamento
die (Ver)änderung
strutturale
strukturell
l'azienda
der Betrieb
ben diverso
ganz anders
alle spalle di qualcuno
hinter jemandes Rücken

6. Il concorrente

atletico
athletisch
oddio!
O Gott!

mettercela tutta
alles dransetzen, alle
Anstrengungen unternehmen
conquistare
erobern
arrendersi
aufgeben
scegliere
wählen
sognatore
träumerisch

7. L'uomo non cambia mai

mettere le corna
Hörner aufsetzen
il porco
das Schwein
macché!
ach was!
tradire
verraten, betrügen

8. Tra due donne

l'ostacolo
das Hindernis
la fidanzata
die feste Freundin, Verlobte
fare il filo a qualcuno
jemandem den Hof machen
abituato
gewöhnt
viziare
verwöhnen
avere gioco facile
leichtes Spiel haben
rovinare
ruinieren
il carattere
der Charakter

9. Debiti

i debiti
die Schulden

il risparmio
das Gesparte
la barca a vela
das Segelboot
attuale
derzeitig

10. La delusione

giù
deprimiert
in effetti
in der Tat
essere giù di morale
niedergeschlagen sein
toccare a ...
dran sein, an der Reihe sein

11. Altri ospiti

abbi pazienza!
immer mit der Ruhe!
da una vita
seit einer Ewigkeit
appunto
eben, genau
non ti pare?
denkst du nicht?
arrivarci
darauf (zu sprechen) kommen
il settore
das Gebiet
tra l'altro
unter anderem

12. La soluzione

il disastro
die Katastrophe,
das Unglück
considerare
halten für
traditore
betrügerisch
consolidarsi
sich festigen

capire al volo
im Handumdrehen verstehen

13. Il cognato

il cognato
der Schwager
divertente
lustig, amüsant

14. Dopo la cena

a meraviglia
wunderbar
incavolato
sauer
la rabbia
die Wut

15. Pregiudizi

il pregiudizio
das Vorurteil
entusiasmante
begeisternd
noiosissimo
stinklangweilig
tipico
typisch
il/la commercialista
der/die Steuerberater/in

16. Ragazzi del liceo classico

il liceo classico
das altsprachliche Gymnasium
arrabbiato
wütend
tirare fuori
herausholen, auspacken
nervoso
gereizt
essere in gamba
fit, in Ordnung sein

17. Capodanno

lamentarsi
sich beklagen
importare
wichtig sein
ad ogni modo
auf jeden Fall
fissare un appuntamento
eine Verabredung treffen
dipende
kommt drauf an

18. Poca speranza

la speranza
die Hoffnung
dare una lezione a qualcuno
jemandem eine Lektion erteilen
di tanto in tanto
hin und wieder
dare una regolata
den Kopf zurechtrücken,
zur Raison bringen
fedele
treu

19. Il donnaiolo

il donnaiolo
der Weiberheld
strizzare l'occhio
zuzwinkern
poter fare a meno
darauf verzichten können

20. Sempre lo stesso

fare il bravo
sich brav verhalten

1. Qual è la risposta migliore?

1. Luigi ha molti problemi e non sa come risolverli.
   Luigi proprio
   a fa di ogni erba un fascio.
   b non sa che pesci pigliare.
   c è il gallo nel pollaio.

2. Puoi dirmi tutto, non avere paura! Dai,
   a sputa il rospo!
   b prendi due piccioni con una fava!
   c conosci i tuoi polli!

3. Franco ha una bellissima moglie ma guarda sempre
   le donne degli altri. Forse è vero che
   a conosce i suoi polli.
   b l'erba del vicino è sempre più verde.
   c fa di ogni erba un fascio.

4. Ti accompagno alla stazione. Così tu arrivi in tempo ed
   io posso già fare il biglietto per domani.
   a Siamo il gallo nel pollaio.
   b Sputiamo il rospo.
   c Prendiamo due piccioni con una fava.

5. Perché parli sempre male dei tedeschi? Non sono tutti
   uguali, ma tu
   a fai sempre di ogni erba un fascio.
   b sputi sempre il rospo.
   c sei sempre un pesce lesso.

6. Strano, ma Claudia e Marco non li vedo mai insieme. –
   Ma non lo sai? Hanno divorziato!
   a Ah, allora è un gallo nel pollaio!
   b Ah, allora è un pesce lesso!
   c Ah, allora è qui che casca l'asino!

2. Ditelo con un'espressione idiomatica

1. Finalmente mio figlio *ha avuto il coraggio di parlare con me.*

2. Sono disperato! *Non so più cosa fare.*

3. Che bello! *Possiamo fare tutte e due le cose!*

4. Ieri sera Giulio è *stato beato tra le donne.*

5. Sai che *la donna degli altri è sempre più interessante.*

6. Non voglio uscire con Gianni. *È un ragazzo noioso.*

7. Sara non va in ferie perché non ha soldi. *Questo è il motivo!*

8. Luigi è un donnaiolo. *Anche se adesso fa il bravo non cambierà.*

9. Sicuramente Robbi e Ciccio hanno mangiato tutta la torta. *Io conosco i miei figli.*

10. Mia madre parla sempre male dei politici. *Per lei sono tutti uguali.*

3. Combinate

1. Ma perché hai invitato il commercialista?
   Non mi piace, …
2. Finalmente mia moglie mi ha detto tutto. Ieri sera …
3. Mia figlia dice che tutti i ragazzi del liceo classico sono
   noiosi. Purtroppo …
4. So che a Piero piacciono le donne. Farà sicuramente il
   filo a Pia. Io …
5. Lui ha una bellissima macchina, ma gli piace di più la
   macchina del suo amico. È così:
6. Non so come risolvere questo problema, veramente …
7. No, mio nipote non è cambiato: forse sembra più dolce
   ma sai com'è, …
8. Dov'è Chiara? Non la vedo più. – Ha un nuovo amante.
   – Ah, allora …
9. Nella mia famiglia siamo quattro sorelle, ma ho solo un
   fratello. Lui è sempre …
10. Mangio solo insalata: fa bene alla salute e perdo
    anche alcuni chili. Così …

a il gallo nel pollaio.
b ha sputato il rospo.
c prendo due piccioni con una fava.
d è un pesce lesso.
e fa di ogni erba un fascio.
f è qui che casca l'asino.
g conosco i miei polli.
h il lupo perde il pelo ma non il vizio.
i non so che pesci pigliare.
j l'erba del vicino è sempre più verde.

Risposte: 1. …… **2.** …… **3.** …… **4.** …… **5.** …… **6.** ……

7. …… **8.** …… **9.** …… **10.** ……

4. Traducete

1. Maria kommt nicht mit uns ins Restaurant, weil sie drei Kilo zugenommen hat. – Ach, da liegt der Hase im Pfeffer!

2. Carlo hat eine neue Geliebte. – Aber der ist doch schon achtzig! Tja, die Katze lässt das Mausen nicht.

3. Die Jungs müssen für das Examen lernen. Aber sie gehen bestimmt in die Disco. Ich kenne meine Pappenheimer.

4. Warum gehen wir nicht um 18 Uhr ins Kino? Die Karten kosten weniger, und danach finden wir problemlos Platz im Restaurant. So können wir zwei Fliegen mit einer Klappe schlagen.

5. Meine Frau ist (schon) seit zwei Monaten arbeitslos. Aber erst gestern Abend ist sie mit der Sprache herausgerückt.

6. Er hat eine so hübsche Freundin, muss aber der Freundin seines Freunds den Hof machen. – Tja, die Kirschen in Nachbars Garten schmecken immer besser.

7. Ich will auch ein paar Jungs einladen, sonst ist mein Bruder wieder der Hahn im Korb.

8. Aber lade bitte nicht den faden Typen ein, den wir in Genua kennen gelernt haben.

9. Die Männer sind doch wirklich Schweine! – (Jetzt) schere nicht alles über einen Kamm!

10. Ich bin völlig niedergeschlagen. Ich weiß nicht mehr ein noch aus.

Due colleghi alla mensa aziendale

21 Sai già che vogliono licenziare Tonino?
No ... ma come mai?
Molto probabilmente Tonino è la persona che ha
commesso tutti i furti qui in azienda negli ultimi tre mesi ...
Davvero? Tonino? No! Non ci credo ...
E invece sì ... qualcuno ha visto come Tonino ha rubato dei
soldi a un collega, anzi a un amico.
Mi stai prendendo in giro ...
Ma se ti dico che **l'hanno beccato in castagna!**
Mi pare impossibile ...

I giovani sono così

22 Vieni al cinema con noi oggi pomeriggio,
Massimo?
Non posso ...
Ma non volevi vedere il film?
Sì che lo volevo vedere, ma devo restare a casa.
Come mai?
*Ieri sera i miei sono tornati prima del previsto e Giorgio ed
io stavamo bevendo un po' di whisky e ...*
E vi hanno **beccati in castagna**?
*Eh, sì ... purtroppo ... il babbo è incavolato nero perché è
un whisky costosissimo che ha appena portato dalla Scozia.*
E così devi restare a casa per punizione?
Non solo, è soprattutto che non devo vedere Giorgio.

beccare/prendere in castagna
auf frischer Tat ertappen
(jemanden in der Kastanie schnappen/nehmen)

L'amico di Tonino

23 E sai chi è la vittima?

Non hai detto un amico?

Sì, il suo amico migliore ... Salvatore ...

*Più mi racconti, meno posso crederci ... proprio Salvatore ... sai che Tonino e lui erano **pappa e ciccia** ... quasi quasi non si vedeva l'uno senza l'altro ...*

In effetti, sembra strano ... ma cosa impariamo da tutto ciò? Non puoi fidarti di nessuno!

Ma, non so ... e cosa hanno detto Tonino e Salvatore?

Per Salvatore non è stato Tonino e ...

Fermati! Ecco che arriva Tonino ... così possiamo chiedere a lui direttamente.

Massimo di pessimo umore

24 Ciao, fratellino ... come va?

Come vuoi che vada...

Mmh, siamo nervosi! Ma che ti prende?

Niente ... lasciami in pace ...

E come mai tutto solo? Dov'è Giorgio?

Ma che ne so.

Strano, di solito siete **pappa e ciccia**, voi due ... avete litigato?

Ma che te ne frega? Lasciami ... fila!

Ho capito, signorino, me ne vado ...

pappa e ciccia
unzertrennlich
(Brei und Speck)

Un equivoco

25 Piove proprio **come il cacio sui maccheroni** …
ciao, Tonino, come va?

Non me lo chiedere … male …

Sì, abbiamo sentito che ti trovi nei pasticci … che cos'è
questa storia?

*Ragazzi, voi dovreste sapere prima di tutto che io non farei
mai una cosa del genere …*

Eh, in effetti …

*… e poi dovreste anche sapere che Salvatore ed io siamo
amici … è tutto un equivoco.*

Ma ti hanno visto mettere le mani nella borsa di Salvatore …?

*Verissimo! Perché io dovevo mettergli dentro le foto della
nostra vacanza …*

E per combinazione i soldi di Salvatore sono scomparsi
contemporaneamente?

*Qualcuno deve averli presi prima … ed io scommetterei che
è stato anche il ladro dei furti precedenti … ma come faccio
a provarlo?*

Mariangela ficcanaso

26 Ah, Giorgio, salve … che bello vederti!
*Ciao, Mariangela, come mai quest'entusiasmo
insolito?*

Perché **piovi come il cacio sui maccheroni!**

In che senso?

Perché forse tu mi svelerai il segreto su quello che è
successo tra te e Massimo.

E che vorresti sapere?

Ma non so … Massimo era di pessimo umore.

Eh, avrà le sue ragioni … da me non saprai niente!

Ma dai, Giorgio, racconta …

Nemmeno mezza parola … sei una ficcanaso insopportabile …

piovere/capitare come il cacio sui maccheroni
wie gerufen kommen
(wie der Käse auf die Maccheroni regnen/vorbeikommen)

27 Tonino è innocente

Non è certamente facile …
*Se l'avessi visto in un giallo alla TV non ci avrei
creduto … a volte la realtà supera la fantasia …*
E Salvatore? Che ne dice?
*Eh, Salvatore si fida di me … e poi sa che io dovevo metter-
gli le foto nella borsa.*
Quindi, lui crede nella tua innocenza?
*Ma certo! Noi **siamo della stessa pasta**: io so che Salvatore
non farebbe mai una cosa del genere e lui sa che io non la
farei mai … mi conosce troppo bene per avere il minimo
dubbio.*
Ma se voi due siete così convinti … perché non cercate di
provare la tua innocenza anche nei confronti della
direzione aziendale?

28 Con la mamma

Salve, mamma.
Ciao, cicciola … cosa vorresti mangiare?
Ma, non so, non ho molta fame.
Come mai? Hai preso un brutto voto?
No, ma ho appena visto Giorgio e …
*Non mi parlare di Giorgio. Non voglio più sentire questo
nome.*
Ma cos'ha combinato?
Ne combina sempre di tutti i colori, è il diavolo in persona!
Dai, non esagerare … anche Massimo non è proprio un
angelo.
Ma Giorgio è peggio … e poi Massimo è sempre mio figlio.
Be' io li vedo uguali … per me **sono** tutti e due **della stessa
pasta**.
Non è vero, no!

essere della stessa pasta
aus einem Holz geschnitzt sein
(aus dem gleichen Teig sein)

Dubbi

29

Eh, bello mio … non è mica facile, sai.
Perché? Salvatore dovrebbe solo difenderti.
*Guarda, Salvatore si fa in quattro per me, ma lui può raccontare tutto quello che vuole … **non la bevono** … credono piuttosto che Salvatore ed io facciamo comunella.*
E quindi?
Quindi bisogna trovare il colpevole vero.
Certo.
E dobbiamo trovarlo il più presto possibile … se no, io qui in azienda ho le ore contate.

La colpa è sempre di Giorgio

30

Giorgio è sempre il tentatore: è LUI che ha aperto la bottiglia di whisky, è LUI che ha fumato tutti i sigari cubani del babbo … e LUI che ha fatto i buchi nella moquette …
Comincio a capire …
Massimo non farebbe mai una cosa del genere …
Assolutamente … mio fratello, un vero santo, sempre impeccabile!
Non lo prendere in giro … io mi fido di Massimo e credo alle sue parole.
Cosa vorresti dire? Che Massimo ha dato tutta la colpa a Giorgio?
Non gli ha dato la colpa … ha solo detto che Giorgio l'ha … come dire … incoraggiato.
E tu **la bevi** questa storia? Per me prova solo quant'è vigliacco mio fratello!

(non) bere la storia
eine Geschichte (nicht) glauben
(die Geschichte nicht trinken)

Vaghe speranze

31 E noi? Non possiamo fare niente per te?
Mmh, non so … con Salvatore abbiamo cominciato a ricostruire i casi precedenti.
E avete un qualche sospetto?
È un sospetto ancora molto vago … sappiamo soltanto che una persona era sempre presente, in tutti i casi.
Ma è già qualcosa …
Eh, io non sono così ottimista … anche se fosse quella persona, io dovrei ad ogni modo presentare le prove entro questa settimana … non ce la faccio.
Tonino, su col morale! Ti aiuteremo a **levare le castagne dal fuoco**. Lascia fare un po' a noi. Vedrai che tutto andrà a buon fine.
Magari … .

Il cocco della mamma

32 *Non parlare così di Massimo!*
Sì, certo, lui è sempre il cocco della mamma.
Non è vero!
È vero sì invece! Tutte le volte che Massimo combina qualcosa, tu gli **levi le castagne dal fuoco.**
Ma lo faccio anche per te, Mariangela!
Per me? Ma quando mai tu mi hai levato le castagne dal fuoco?
Ne parliamo dopo … ti prego … vai in camera tua che arriva il babbo … devo parlargli a quattr'occhi.

!

levare le castagne dal fuoco
die Kastanien aus dem Feuer holen

Tonino è scettico

33 *E come volete aiutarmi ... non vedo nessun modo.*
Potremmo tendere una trappola alla persona in questione
In che senso?
Vogliamo semplicemente provocarlo.
Per fargli commettere un altro furto? Adesso? Sarebbe scemo ...
Perché crede di essere fuori pericolo?
*È evidente: la persona sospetta sono io, e se il ladro **ha un briciolo di buon senso** non lo farà più.*
Non so. Non sarei così sicuro ... un bell'orologio d'oro o una bella mazzetta di banconote hanno sempre il loro fascino.
Non sono proprio convinto.

Il babbo incavolato

34 *Vuoi mangiare, tesoro?*
Mi è passato l'appetito ... dov'è tuo figlio?
Ma, sarà qui fra poco.
Bene, gli devo parlare. ...
Cosa vorresti dirgli?
Che la vacanza in tenda se la può scordare.
Ma avevi già detto di sì ... non puoi cambiare idea adesso.
Non posso cambiare idea? Non vorrei che Massimo passasse le vacanze con un delinquente come Giorgio.
Ma ci sono anche altri ragazzi in quel campeggio ... dai, tutti i genitori della classe hanno detto di sì.
Se avessi un briciolo di buon senso, non parleresti così.

avere un briciolo di buon senso
einen Funken gesunden Menschenverstand haben
(einen Krümel gesunden Menschenverstand haben)

Gli amici combattono

35 E quindi cosa vorresti fare?

Non so … forse è meglio arrendersi … accetto il licenziamento e me ne vado..

Ma ti dà di volta il cervello? Non troverai mai più un lavoro se non è provata la tua innocenza … ti rendi conto?

Ragazzi … io sono stanco … non ho più voglia di combattere.

Combatteremo noi per te! Insieme a Salvatore …

Dobbiamo dare una lezione a questo porco … stai tranquillo, gli **romperemo le uova nel paniere**.

Educazione

36 *E invece no: il buon senso mi dice che a un ragazzo di quindici anni fa bene distrarsi.*

Distrarsi? Imparerà altre porcherie dal suo amico Giorgio. Gli **romperò io le uova nel paniere**.

Ma cosa intendi?

Intendo che uno dei due non ci va in quel maledetto campeggio: o Massimo o Giorgio!

Calmati tesoro! Ricordati di quello che ti ha detto il medico!

Il medico, il medico! Può andare a farsi benedire, il medico.

rompere le uova nel paniere
einen Strich durch die Rechnung machen
(die Eier im Korb kaputtmachen)

Alcuni giorni dopo

37 Tonino, Tonino …
Sì?

Sai già che hanno preso il ladro?
Stai scherzando?
No, no, dico sul serio. La trappola è servita.
Non ho parole … ma come avete fatto?
Poi ti racconto … ma dai, io mi aspettavo un po' più di entusiasmo.
Io sono entusiasta, ma sembra un sogno … non posso crederci.
Devi crederci … è la verità!
Ma come mai l'ha fatto di nuovo … è scemo …
Eh, caro Tonino, **l'appetito vien mangiando** … è come bere l'acqua salata.

Un buon piatto di pasta

38 *Dai, mangia almeno un po'.*
Non ho fame!
Ma i cappelletti li ho preparati solo per te …
Hai fatto i cappelletti?
Sì, non puoi dire di no … devi almeno assaggiarli … dai, l'appetito vien mangiando!
E va be' … solo per te, amore.

L'appetito vien(e) mangiando.
Der Appetit kommt beim Essen.

39 **Lieto fine**

Quindi non mi licenziano?

Ma chi parla di licenziamento? Anzi, avrai un piccolo risarcimento.

*Ma io **vado in brodo di giuggiole**, che bello!*

È bello sì … vedi che puoi contare sugli amici?

Guarda, io non so come ringraziare voi due e Salvatore.

Io sì … potresti invitarci a cena, per esempio.

Affare fatto, ragazzi!

40 **La magia della pasta**

Mmh! I cappelletti … che buoni!

Ti piacciono?

Ma oggi sono particolarmente buoni … **vado in brodo di giuggiole** …

Strano, li ho fatti come sempre …

Ecco che arriva Massimo!

Dio mio!

Ciao, Massimo. A scuola tutto bene? Vieni qui … devo parlarti del campeggio … dobbiamo ancora comprare il sacco a pelo per te … non è vero? Potremmo farlo oggi pomeriggio insieme al tuo amico Giorgio, che ne dici?

Non credo alle mie orecchie!!!

andare in brodo di giuggiole
vor Freude aus dem Häuschen geraten
(zu Jujubenbrühe werden)

21. Due colleghi alla mensa

la mensa
die Kantine
commettere
begehen (Straftat)
il furto
der Diebstahl
rubare
stehlen
prendere in giro
auf den Arm nehmen

22. I giovani sono cosí

i giovani
die jungen Leute
i miei genitori
meine Eltern
previsto
vorhergesehen
il babbo
der Papa
incavolato nero
stinksauer
costosissimo
irre teuer
la Scozia
Schottland
la punizione
die Strafe

23. L'amico di Tonino

la vittima
das Opfer
l'amico migliore
der beste Freund
più ... meno
je mehr ... desto weniger
da tutto ciò
aus alledem

24. Massimo di pessimo umore

pessimo
ganz schlecht, miesest
l'umore
die Laune
che ti prende?
was ist mit dir los?
litigare
streiten
che te ne frega?
was geht dich das an?
fregarsene
sich um etwas nicht scheren
filare
verschwinden
il signorino
das feine Söhnchen

25. Un equivoco

trovarsi nei pasticci
in Schwierigkeiten stecken
prima di tutto
vor allem, zu allererst
una cosa del genere
etwas Derartiges, so etwas
per combinazione
zufällig
scomparire
verschwinden
contemporaneamente
gleichzeitig
scommettere
wetten
il ladro
der Dieb
precedente
vorherig, vorangegangen
provare
beweisen

26. Mariangela ficcanaso

il/la ficcanaso
der/die Schnüffler/in

insolito
 ungewöhnlich
la mezza parola
 das Sterbenswörtchen
insopportabile
 unerträglich

27. Tonino è innocente

innocente
 unschuldig
facile
 einfach, leicht
il giallo
 der Krimi
a volte
 manchmal
superare
 übertreffen
l'innocenza
 die Unschuld
minimo
 geringste/r/s
nei confronti di
 gegenüber
la direzione aziendale
 die Betriebsleitung

28. Con la mamma

la cicciola
 das Schätzelein
prendere un brutto voto
 eine schlechte Note bekommen
combinare
 anstellen
combinarne di tutti i colori
 alles Mögliche anstellen,
 es bunt treiben
l'angelo
 der Engel
be'
 nun

29. Dubbi

bello mio
 mein Lieber
difendere
 verteidigen
farsi in quattro per qualcuno
 sich für jemanden ins Zeug
 legen
fare comunella
 gemeinsame Sache machen,
 unter einer Decke stecken
il/la colpevole
 der/die Schuldige
avere le ore contate
 nur noch wenig Zeit haben

30. La colpa è sempre di Giorgio

la colpa
 die Schuld
il tentatore
 der Versucher, der Verführer
il sigaro
 die Zigarre
cubano
 kubanisch
il buco
 das Loch
la moquette
 der Teppichboden
il santo
 der Heilige
impeccabile
 unfehlbar, tadellos
incoraggiare
 ermutigen
vigliacco
 feige

31. Vaghe speranze

vago
 vage

ricostruire
rekonstruieren
il sospetto
der Verdacht
l'ottimista (m+f)
der/die Optimist/in
la prova
der Beweis
entro
innerhalb, binnen
farcela
es schaffen
su col morale!
Kopf hoch!
andare a buon fine
gut ausgehen
magari(!)
schön wär's(!)

32. Il cocco della mamma

il cocco della mamma
Mamas Liebling
quando mai?
wann denn?
a quattr'occhi
unter vier Augen

33. Tonino è scettico

scettico
skeptisch
tendere una trappola
eine Falle stellen
la persona in questione
die betreffende Person
provocare
provozieren
scemo
dämlich, bekloppt
fuori pericolo
außer Gefahr
evidente
eindeutig, klar, deutlich
la persona sospetta
der/die Verdächtige

l'orologio d'oro
die goldene Uhr
la mazzetta
Bündel (Geldscheine)
il fascino
die Faszination

34. Il babbo incavolato

la tenda
das Zelt
scordare
vergessen
il delinquente
der Verbrecher
il campeggio
das Campinglager
la classe
die (Schul)klasse

35. Gli amici combattono

combattere
kämpfen
andarsene
(weg)gehen
dare di volta il cervello
spinnen
rendersi conto
sich klar machen

36. Educazione

l'educazione (f)
die Erziehung
distrarsi
sich zerstreuen
la porcheria
die Schweinerei
andare a farsi benedire
zum Teufel gehen

37. Alcuni giorni dopo

dire sul serio
ernst meinen

servire
  nützlich sein
non avere parole
  sprachlos sein
l'entusiasmo
  die Begeisterung
il sogno
  der Traum
di nuovo
  wieder
l'acqua salata
  das Salzwasser

38. Un buon piatto di pasta

i cappelletti
  gefüllte Teigtaschen (ähnlich wie
  Tortellini)

39. Lieto fine

il lieto fine
  das Happy End
il risarcimento
  die Entschädigung
contare su
  zählen auf
affare fatto!
  abgemacht!

40. La magia della pasta

la magia
  die Magie, die Zauberkraft
il sacco a pelo
  der Schlafsack
l'orecchio, le orecchie/gli orecchi
  das Ohr, die Ohren

1. Qual è la risposta migliore?

1. Ti ho sempre aiutato. E quante volte ti ho
    a beccato in castagna!
    b rotto le uova nel paniere!
    c levato le castagne dal fuoco!

2. Anche se non hai fame, vedrai
    a piovi come il cacio sui maccheroni.
    b bevi questa storia.
    c l'appetito vien mangiando.

3. Che bello! Ho vinto due biglietti per la Scala, io
    a vado in brodo di giuggiole.
    b ho un briciolo di buon senso.
    c sono pappa e ciccia.

4. Guarda, stavamo parlando di te in questo momento,
    a vai in brodo di giuggiole.
    b sei della stessa pasta.
    c piovi come il cacio sui maccheroni.

5. Massimo non è un angelo. – Ma Giorgio nemmeno.
  – È vero,
    a sono tutti e due della stessa pasta.
    b sono tutti e due beccati in castagna.
    c sono tutti e due in brodo di giuggiole.

6. Non fumare! Hai solo 11 anni. Pensavo che tu
avessi almeno
    a rotto le uova nel paniere.
    b un briciolo di buon senso.
    c levato le castagne dal fuoco.

2. Ditelo con un'espressione idiomatica

1. Anche se tu mi racconti questa storia mille volte,
   non credo che sia vera.

2. *Quando sono entrato ho visto i ragazzi bere il whisky,
   proprio in quel momento.*

3. Devi provare almeno la pasta. *Anche se non hai molta
   fame, vedrai che ti piacerà.*

4. Non so più cosa fare: Massimo e Giorgio *sono sempre
   insieme, ma sempre.*

5. Come? Vogliono prendere la macchina senza
   domandarmela? *Se la possono scordare!*

6. *Se il ladro non è stupido* non commetterà un altro furto.

7. Il mio amico non farebbe mai una cosa del genere.
   Lo conosco. *Lui è come me.*

8. *La mamma mi ha aiutato spesso, anche in situazioni
   difficili.*

9. *Arrivi proprio nel momento giusto!*

10. Mi ha telefonato il mio amore. *Sono felicissima!*

3. Combinate

1. Tonino ha rubato dei soldi a un collega e qualcuno …
2. Anche se la sua versione della storia è vera, la direzione aziendale …
3. Strano, oggi ho incontrato Giorgio senza il suo amico. Di solito loro due …
4. Ma tu potresti fare qualcosa per me. Io ti ho sempre aiutato, non so quante volte …
5. Dobbiamo dare una lezione a questo porco, gli dobbiamo …
6. Devi almeno assaggiare i cappelletti, dai …
7. Io non mi fido più dei politici. Nessuno di loro dice la verità. Sono tutti …
8. Guarda, stavamo parlando di te in questo momento …
9. Ragazzi, ma questa è una bellissima sorpresa! Avete preparato il mio piatto preferito. Io …
10. Sei una ragazza di 14 anni. Non puoi uscire fino alle due di notte. Dovresti capirlo …

a l'appetito vien mangiando.
b piovi come il cacio sui maccheroni.
c se avessi un briciolo di buon senso.
d l'ha beccato in castagna.
e vado in brodo di giuggiole.
f non la beve.
g della stessa pasta.
h rompere le uova nel paniere.
i sono pappa e ciccia.
j ti ho levato le castagne dal fuoco.

Risposte: 1. …… **2.** …… **3.** …… **4.** …… **5.** …… **6.** ……

7. …… **8.** …… **9.** …… **10.** ……

4. Traducete

1. Ich habe Mama erzählt, dass meine Schwester die Löcher im Teppichboden gemacht hat. Aber sie schluckt diese Geschichte nicht.

2. Sie haben mich auf frischer Tat ertappt, als ich einem Kollegen Geld geklaut habe.

3. Als er ihr die Karten für das Rambozzotti-Konzert geschenkt hat, ist sie völlig aus dem Häuschen geraten vor Freude.

4. Na, du kommst goldrichtig! Ich habe (nämlich) dein Lieblingsessen gemacht.

5. Wie heißt dieser Politiker? Fini? – Nein, Dini! – Ist mir Wurst. Die sind doch alle aus dem gleichen Holz geschnitzt.

6. Wenn Sie einen Funken gesunden Menschenverstand hätten, würden Sie aufhören zu rauchen.

7. Bedien dich ruhig! Nimm! Ich wusste es (doch): Der Appetit kommt beim Essen!

8. Ihr stellt immer alles Mögliche an, und ich muss dann die Kastanien für euch aus dem Feuer holen.

9. Wie? Max will wegfahren, ohne vorher seine Schulden zu bezahlen? Na, dem mache ich einen Strich durch die Rechnung!

10. Bist du allein heute? Normalerweise seid ihr doch wie Pech und Schwefel, dein Bruder und du …

NATURA ED ELEMENTI

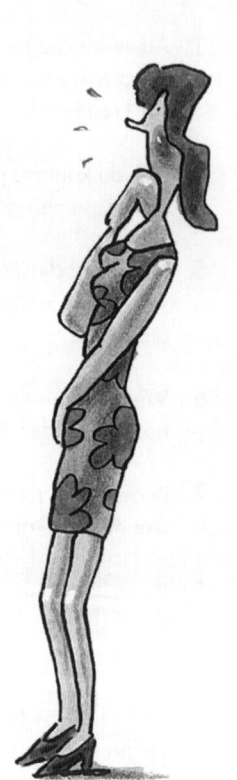

Cinzia com'era una volta

41 Guarda queste foto ... vedi com'era mia sorella Cinzia una volta?

Mamma mia, una bella differenza rispetto a oggi.

Sì, oggi avrà ... ma, direi quindici chili in più.

*Può darsi ... ad ogni modo non ti assomiglia più. Sulle foto invece **vi assomigliate come due gocce d'acqua**.*

Eh, sono le foto di dieci anni fa, circa.

E come mai tua sorella è aumentata tanto?

È una storia lunga ...

Racconta!

La campagna pubblicitaria

42 Non so più cosa fare ... ho cercato gemelle in tutt'Italia, gli ho presentato cento coppie, una più bella dell'altra, ma ...

Ho capito bene? Cento coppie di gemelle?

Hai capito benissimo: cento coppie di gemelle che devono **assomigliarsi come due gocce d'acqua**.

Scusa, ma per far cosa?

Non conosci la pubblicità: «Gemme Gemelle: più preziose e pure di due gocce d'acqua»?

Ah, comincio a capire ... tu devi fare la nuova campagna pubblicitaria per le gemme «Gemelle».

Eh, purtroppo sì.

assomigliarsi come due gocce d'acqua
sich gleichen wie ein Ei dem anderen
(sich ähnlich sehen wie zwei Wassertropfen)

!

Il principe azzurro

43 Circa dodici anni fa Cinzia conobbe suo marito.
Ricordo vagamente …
Eh, ormai tutta la storia è acqua passata … ma ascolta!
Scusa, non volevo interromperti …
Bene. Conobbe suo marito – un colpo di fulmine! Per
Cinzia era l'uomo della sua vita: bello, alto, intelligente, il
vero principe azzurro. Era così innamorata che non riusciva
a vedere i suoi difetti.
E lui?
Anche lui sembrava molto innamorato.
Perché «sembrava»?
Perché le **prometteva mari e monti**, ma credo che per lui
sia stato solo un matrimonio d'interesse.

Un compito difficile

44 *Non sembra un compito proprio facile.*
Assolutamente, anzi, non so più dove sbattere la
testa.
Eh, immagino, sarà un lavoro micidiale.
Ci puoi scommettere: prima le devi cercare, poi devono
essere molto belle e poi devi farle venire qui.
Mamma mia, che stress!
Capirai, per fare venire qui quelle che volevo ho dovuto
promettergli mari e monti: rimborso delle spese di viaggio,
cene ed albergo gratis e via discorrendo.

promettere mari e monti
goldene Berge versprechen
(Meere und Berge versprechen)

I difetti

45 *E lei non se ne accorse?*

No, sai, nella prima fase d'innamoramento vedi tutto rosa … Cinzia credeva di **toccare il cielo con un dito**.

Ma in realtà …

In realtà lui aveva tutti i difetti possibili e immaginabili: beveva, giocava – tra l'altro con i soldi di Cinzia. Aveva un sacco di debiti.

Mamma mia, un mostro!

Eh purtroppo Cinzia si rese conto troppo tardi … ma siccome lo amava faceva di tutto per aiutarlo e per sostenerlo … fino a un certo punto.

Esigenze

46 Ieri abbiamo fatto l'ennesimo casting, guarda, e quasi quasi il mio capo si sarebbe deciso …

Mamma mia, mi sentivo già **toccare il cielo con un dito** …

Ma in fin dei conti ha fatto marcia indietro?

Eh, purtroppo.

E perché ha cambiato idea?

Perché queste gemelle, tra l'altro bellissime, hanno chiesto troppo.

Troppi soldi?

Non solo.

toccare il cielo con un dito
im siebten Himmel sein
(den Himmel mit einem Finger berühren)

47 Il divorzio

E cioè?

Quando venne a sapere che lui la tradiva con la sua migliore amica.

*Immagino … **la goccia che ha fatto traboccare il vaso**.*

Cinzia era a terra … stava proprio di merda.

Eh, non mi meraviglia più di tanto.

Poi dopo un po' si è ripresa, ha chiesto il divorzio, ma lui non voleva, o meglio, non poteva pagare …

Eh, le solite storie.

48 Un fotografo famoso

Vogliono essere riprese solo da un fotografo che conoscono loro e con cui lavorano sempre.

Quante esigenze!

Per colmo di sventura è uno dei fotografi più cari in tutta Italia.

E così il tuo capo evidentemente non ha accettato.

Guarda, è stata **la goccia che ha fatto traboccare il vaso** quando ha sentito quanto voleva.

Cifre astronomiche, presumo?!

Se guadagnassi così potrei andare subito in pensione.

la goccia che fa traboccare il vaso
der Tropfen, der das Fass zum Überlaufen bringt
(der Tropfen, der das Gefäß zum Überlaufen bringt)

Voglia di vendetta

49 Sì, le solite storie che vanno per le lunghe: le procedure burocratiche da un lato ma anche il distacco emotivo.

Io avrei cercato di vendicarmi.

Ci ha provato. Usciva con altri uomini, ha cercato di distrarsi … ma sai, ci vuole del tempo per **mettere** definitivamente una **pietra su una storia** del genere.

Per fortuna non hanno figli.

Sì, da un lato è una fortuna, ma se lei avesse avuto figli, sarebbe stato anche un conforto.

Gemelle sì o no?

50 *E adesso?*

In un primo momento era fuori di sé … voleva mollare tutto.

Tutto? In che senso?

Lasciar perdere la campagna pubblicitaria, **mettere una pietra sul** tema «gemelle» e iniziare qualcosa di nuovo.

Dopo tutto il lavoro che avete fatto?

Eh, in effetti, quando si è calmato un po' gli abbiamo fatto capire che non era il caso di mollare la campagna così di punto in bianco.

mettere una pietra su una cosa
einen Strich unter eine Sache ziehen
(einen Stein auf eine Sache legen)

Altre storie

51 *Ma sai, i figli in queste situazioni possono essere un peso.*

Forse hai ragione … mi viene in mente la storia di Laura, a proposito.

Laura … Laura … Laura chi?

La Laura Martini.

Ah, Laura, la moglie dell'avvocato Martini.

L'ex moglie.

Come l'ex moglie?

Ma sì … lui ha un'altra, più giovane … e ha piantato Laura in asso con i figli.

Non lo sapevo.

Eh sì, sai, lui, l'avvocato Martini, ha conosciuto una che …

Raccontamelo dopo, finisci prima la storia di tua sorella.

Hai ragione, ma parlando così a vanvera, si corre il rischio di **saltare di palo in frasca**.

Indecisione

52 *E com'è andata avanti?*

Per due giorni non si è parlato del tema «gemelle» … come se non esistesse …

Ma non dovevate prendere una decisione?

Certo, le due gemelle ci hanno telefonato dieci volte al giorno per sapere se si facevano le riprese con loro o no.

E tu cosa gli hai detto?

Cosa dovevo dirgli? Per non dover dare una risposta ho parlato di tutto: del tempo, del sole, della primavera, della vita culturale di Milano … **saltando di palo in frasca** per portare il discorso su qualcos'altro.

Ma non hanno insistito?

Certo che hanno insistito … ieri al telefono mi hanno chiesto se volessimo rimandare la decisione alle calende greche …

saltare di palo in frasca
vom Hölzchen aufs Stöckchen kommen
(vom Pfahl ins Laub springen)

53 **Reazioni**
Bene, torniamo al nostro tema. Ti dicevo che mia sorella cercava di distrarsi, ma …
… non ci è riuscita.
Sì, perché in fondo non voleva rinunciare a suo marito.
Ma non ha neanche lottato per riconquistarlo.
Macché! Con uno come lui bisogna tagliare i ponti, altro che riconquistarlo!
E poi?
Poi purtroppo si è lasciata andare. Ha cominciato a riempirsi di dolci: cioccolatini, torte …
*Mmh … non me ne parlare … **mi fai venire l'acquolina in bocca**!*
Cinzia è sempre stata golosa di dolci … solo che nel periodo del divorzio ha esagerato.

54 **Altre tattiche**
E finalmente stamattina il mio capo ha trattato con il fotografo …
Ma con un fotografo famoso come lui non si discuterà sui prezzi.
È vero, ma ci sono anche altre tattiche …
E cioè?
Il mio capo ha cercato di **fargli venire l'acquolina in bocca** offrendogli alcune top model …
Come sarebbe a dire?
È molto semplice: se tu per il lavoro con le gemelle mi fai un buon prezzo ti farò avere altri impegni con modelle famose, buone per la tua carriera …
E ha accettato?
No, niente da fare.

far venire l'acquolina in bocca
den Mund wässrig machen
(das Wässerchen in den Mund kommen lassen)

!

55 **Le diete**

E dopo?

Quando si era ripresa un po' ha cominciato a fare diete.

Che però non sono servite a molto.

E sai com'è … all'inizio hai tanti buoni propositi.

Ma poi … le tentazioni sono tante.

Ed è difficile ignorarle … ricordo che Cinzia mi diceva sempre: «Ma questa volta ce la faccio», però, **tra il dire e il fare c'è di mezzo il mare**.

Eh, capisco, ci vuole una buona dose di disciplina … non so quante volte io ho già interrotto le diete. Dillo a tua sorella quando la vedi.

Quindi domani.

Ah già! Vai da lei per Natale?

Sì.

Allora ci vediamo dopo le feste.

56 **In crisi**

E cosa farete?

Cosa vuoi che facciamo? Inviteremo altre gemelle, faremo un secondo casting … guarda, sono a pezzi …

Non ti lamentare! Ricordo benissimo che già l'anno scorso volevi cercarti un altro lavoro, meno stressante …

Sì … ma sai … poi non avevo il tempo per cercarmi qualcos'altro e …

*Eh, la solita storia … **tra il dire e il fare c'è di mezzo il mare**.*

Tra il dire ed il fare c'è di mezzo il mare.
Sagen und Tun sind zweierlei.
(zwischen Sagen und Tun liegt das Meer)

!

Nuovo amore

57 *E allora, com'è andata?*
Bene, e c'è anche una bella notizia.
Per quanto riguarda Cinzia?
Sì, quando l'ho vista **sono caduta dalle nuvole**. È dimagrita di … cinque, sei chili.
Però! E come ha fatto?
Eh, l'amore, cara … c'è di nuovo un uomo nella sua vita.
Che bello! Speriamo che sia migliore del suo ex marito.
A quanto pare, sì.

Un problema risolto

58 *Ciao Gina … e allora? Avete risolto il problema delle gemelle?*
Sì, ma sai come? Sai chi ha preso?
Come faccio a saperlo?
Sono caduta dalle nuvole … non volevo crederci …
Ma dimmi!
Si è deciso per la prima coppia che gli avevo presentato un mese fa.
Ma no!
E invece sì … tutto lo stress, il secondo casting, tutte le notti in bianco per la paura di non trovare … tutto invano.
Oddio, mi dispiace!

cadere dalle nuvole
aus allen Wolken fallen
(aus den Wolken fallen)

Amore o peso

59 *L'hai conosciuto?*

Non molto bene, sai com'è durante le feste, ma mi ha fatto un'ottima impressione.

E Cinzia sta bene?

Sì, è felice come una Pasqua.

Speriamo che duri!

Cosa? L'uomo o il peso?

L'uomo naturalmente!

Tocchiamo ferro!

Tocchiamo ferro sì! Se le cose vanno bene in amore, il peso giusto viene automaticamente.

Nuove prospettive

60 Ma sai, non tutti i mali vengono per nuocere … dopo quest'esperienza ho deciso di licenziarmi.

Impossibile! Lo dici sempre in situazioni del genere, ma poi non lo fai.

E invece questa volta sì …

Ma, vediamo.

Credimi, ho già preparato il licenziamento e forse avrò un nuovo lavoro molto interessante.

Un nuovo lavoro? Ma come hai fatto così velocemente?

Le «mie» gemelle mi hanno detto che lavorano spesso con l'agenzia «Mediastar», sai è una delle agenzie più conosciute …

E cercano qualcuno?

Cercano una persona con le mie qualifiche.

Che bella notizia! Speriamo che funzioni … tocchiamo ferro!

Tocchiamo ferro sì!

toccare ferro
auf Holz klopfen
(Eisen anfassen)

61

41. Cinzia com'era una volta

la differenza
der Unterschied
rispetto a
im Vergleich zu
può darsi
kann sein
assomigliare
ähnlich sein
aumentare
zunehmen

42. La campagna pubblicitaria

la campagna
die Kampagne
pubblicitario
Werbe...
le gemelle
die Zwillingsschwestern
la pubblicità
die Werbung
la gemma
die Gemme, das Juwel
prezioso
kostbar
puro
rein

43. Il principe azzurro

il principe azzurro
der Märchenprinz
acqua passata
Schnee von gestern
ascoltare
(zu)hören
il colpo di fulmine
Liebe auf den ersten Blick
il difetto
der Fehler
il matrimonio d'interesse
die Zweckheirat

44. Un compito difficile

non sapere dove sbattere la testa
nicht wissen, wo einem der Kopf
steht
immaginar(si)
sich vorstellen, sich denken
micidiale
tierisch
il rimborso
die Erstattung
le spese di viaggio
die Reisekosten
via discorrendo
usw.

45. I difetti

accorgersi
(be)merken
la fase
die Phase
l'innamoramento
die Verliebtheit
vedere tutto rosa
alles durch die rosarote Brille
sehen
immaginabile
vorstellbar
il mostro
das Monster
siccome
da, weil
sostenere
(unter)stützen

46. Esigenze

l'esigenza
der Anspruch
l'ennesimo
das x-te
quasi quasi
beinahe, fast
in fin dei conti
letztendlich

fare marcia indietro
einen Rückzieher machen
cambiare idea
die Meinung ändern

47. Il divorzio

venire a sapere
erfahren
essere a terra
am Boden zerstört sein
stare di merda
sich beschissen fühlen
meravigliarsi
sich wundern
riprendersi
sich erholen, zu sich kommen

48. Un fotografo famoso

riprendere
aufnehmen, fotografieren, filmen
per colmo di sventura
zu allem Unglück
cifre astronomiche
Unsummen
presumere
vermuten, annehmen

49. Voglia di vendetta

la voglia
die Lust
la vendetta
die Rache
andare per le lunghe
sich lange hinziehen
la procedura
das Verfahren, der Vorgang
da un lato
einerseits
il distacco
die Loslösung, der Abstand
emotivo
gefühlsmäßig

vendicarsi
sich rächen
provarci
es versuchen
ci vuole
da braucht's
definitivamente
definitiv, endgültig
i figli
die Kinder
il conforto
der Trost

50. Gemelle sì o no?

fuori di sé
außer sich
mollare
hinschmeißen, aufgeben
lasciar perdere
sein lassen, aufgeben
iniziare
anfangen
non essere il caso
unangebracht sein
di punto in bianco
Knall auf Fall

51. Altre storie

venire in mente
einfallen, in den Sinn kommen
l'avvocato
der Anwalt
piantare in asso qualcuno
jemanden im Stich lassen
parlare a vanvera
drauflosreden
correre il rischio
Gefahr laufen

52. Indecisione

l'indecisione (f)
die Unentschiedenheit

la decisione
die Entscheidung
la primavera
der Frühling
la vita culturale
das Kulturleben
insistere
auf etwas bestehen, hartnäckig
bleiben
rimandare alle calende greche
auf den Sankt-Nimmerleins-Tag
verschieben

53. Reazioni

la reazione
die Reaktion
il tema
das Thema
rinunciare
verzichten
lottare
kämpfen
riconquistare
wieder erobern
tagliare i ponti
jeglichen Kontakt abbrechen
riempirsi
sich voll stopfen
il cioccolatino
die Praline
la torta
der Kuchen
goloso (essere ~ di)
vernascht, auf etwas versessen
sein (Lebensmittel)
il periodo
die Zeit

54. Altre tattiche

la tattica
die Taktik

trattare
verhandeln
come sarebbe a dire?
was soll das heißen?
l'impegno
der Auftrag
la modella
das Fotomodell
la carriera
die Karriere

55. Le diete

all'inizio
am Anfang
il proposito
der Vorsatz
la tentazione
die Versuchung, Verlockung
ignorare
nicht kennen, ignorieren
una buona dose
eine gehörige Portion
la disciplina
die Disziplin

56. In crisi

la crisi
die Krise
essere a pezzi
kaputt sein, fertig sein
stressante
stressig

57. Nuovo amore

per quanto riguarda
in Bezug auf
dimagrire
abnehmen
però!
mein lieber Mann!
a quanto pare
wie es scheint

58. Un problema risolto

risolvere
   lösen
la notte in bianco
   die schlaflose Nacht
invano
   umsonst, vergebens

59. Amore o peso?

l'impressione
   der Eindruck
essere felice come una Pasqua
   überglücklich sein
durare
   dauern, halten
giusto
   richtig
automaticamente
   automatisch

60. Nuove prospettive

la prospettiva
   die Aussicht
non tutti i mali vengono
per nuocere
   nicht alles, was schlecht ist,
   schadet
licenziarsi
   kündigen
l'agenzia
   die Agentur
la qualifica
   die Qualifikation

1. Qual è la risposta migliore?

1. Conosci le sorelle di Gaetano? Sono gemelle e
   a cadono dalle nuvole.
   b si assomigliano come due gocce d'acqua.
   c sono la goccia che fa traboccare il vaso.

2. Mia sorella era felicissima quando conobbe suo marito.
   a Toccava il cielo con un dito.
   b Toccava ferro.
   c Faceva venire l'acquolina in bocca.

3. Per far venire le fotomodelle gli ho dovuto
   a saltare di palo in frasca.
   b promettere mari e monti.
   c cadere dalle nuvole.

4. Non è facile fare la dieta, anche se hai buoni propositi.
   Ma sai
   a tra il dire ed il fare c'è di mezzo il mare.
   b prometti mari e monti.
   c metti una pietra su qualcosa.

5. Questi dolci sono buonissimi! Mi
   a saltano di palo in frasca.
   b assomigliano come due gocce d'acqua.
   c fanno venire l'acquolina in bocca.

6. Speriamo che trovi un bel lavoro.
   a Promettiamo mari e monti!
   b Tocchiamo ferro!
   c Saltiamo di palo in frasca!

2. Ditelo con un'espressione idiomatica

1. Nella prima fase d'innamoramento *Sara era felicissima.*

2. *Voglio lasciar perdere questo tema, non ne voglio più parlare.*

3. Parlando a vanvera si corre il rischio di *parlare di troppe cose.*

4. Lei accettava tutti i difetti di suo marito, ma quando lui l'ha tradita con la sua amica è *stato troppo.*

5. Mmh! Non parlare di cioccolatini … *mi fai venire una voglia di dolci …*

6. Non mi aspettavo che il capo accettasse la mia proposta. *Ero molto sorpresa!*

7. Tu conosci le gemelle? Io non so mai chi è l'una e chi è l'altra, … *sono quasi uguali.*

8. Mio padre *mi ha fatto mille promesse.*

9. *È molto più facile dire una cosa che realizzarla.*

10. Buona fortuna! *Speriamo che tutto vada bene!*

3. Combinate

1. Per la nuova campagna pubblicitaria cerchiamo due gemelle che ...
2. Non parlare così a vanvera! Tu corri il rischio di ...
3. Non mi aspettavo una cosa del genere ...
4. All'inizio hai tanti buoni propositi, ma poi ci sono mille tentazioni. Eh, lo so ...
5. Le modelle volevano l'albergo gratis, il rimborso delle spese di viaggio ... ho dovuto ...
6. Il fotografo aveva tante esigenze, ma quando ha detto quanti soldi voleva ...
7. Speriamo che le cose in amore vadano bene ...
8. Non ho più voglia di parlare del mio passato, basta, ...
9. Finalmente ho trovato il mio principe azzurro ...
10. Ti prego! Non parlare di torta ...

a saltare di palo in frasca.
b mi fai venire l'acquolina in bocca.
c si assomigliano come due gocce d'acqua.
d sono caduta dalle nuvole.
e tocco il cielo con un dito!
f tra il dire ed il fare c'è di mezzo il mare.
g promettergli mari e monti.
h tocchiamo ferro!
i mettiamo una pietra su questa storia.
j stata la goccia che ha fatto traboccare il vaso.

Risposte: 1. ...... 2. ...... 3. ...... 4. ...... 5. ...... 6. ......

7. ...... 8. ...... 9. ...... 10. ......

4. Traducete

1. Weißt du, wie spät es ist? Es ist zwei Uhr nachts! –
   Entschuldige, aber wir sind vom Hundertsten ins
   Tausendste gekommen.

2. Nicola und Andrea gleichen einander wie ein Ei dem
   anderen.

3. Meine Freundin ist so verliebt! Sie ist im siebten Himmel!

4. Wie? Du hast alle kubanischen Zigarren geraucht?
   Das ist der Tropfen, der das Fass zum Überlaufen bringt!

5. Du weißt ja, wie die Männer sind: Zuerst versprechen
   sie dir goldene Berge, und dann betrügen sie dich.

6. Claudia Schiffer kommt zu deinem Fest?
   Du machst mir den Mund wässrig …

7. Ich bitte dich, sprich nicht mehr von der Werbe-
   kampagne! Ich will endlich einen Strich unter die
   Sache ziehen.

8. Als meine Frau mir gesagt hat, dass sie seit zwei Jahren
   einen Liebhaber hat, bin ich aus allen Wolken gefallen.

9. Du musst die Prüfung unbedingt/absolut bestehen? –
   Klopfen wir auf Holz!

10. Carlo wollte eine Diät machen. Aber du weißt ja,
    wie das ist: Sagen und Tun sind zweierlei.

C O R P O

Il vestito

61

Ciao, Alessandro, come va?
Mmh, insomma ... te?
Guarda, devo parlarti subito di una cosa che ho appena visto in centro.
Ah sì?
Ma devi ascoltare ... metti via il giornale!
Ok, allora dimmi, cos'hai visto di così bello?
Hai presente il negozio di Giorgio Ormoni?
Sì, so dov'è ...
Hanno un vestito in vetrina **da giù di testa** ... bellissimo!

L'eredità

62

Ma è una meraviglia questa macchina, guarda!
Quale? La Beta Spider?
Sì, è bellissima ... il design è perfetto, la linea così snella ...
*Hai ragione, è una macchina **da giù di testa**.*
E tu, caro, te la potresti anche permettere, o mi sbaglio?
Magari! Ma attualmente non me la sento ...
Come mai? Non hai ereditato una bella somma recentemente?

da giù di testa
zum Verrücktwerden; irrsinnig
(zum Kopfrunterfallen)

!

71

63 Il prezzo

E te lo vuoi comprare?

Vorrei sì, ma sai, Ormoni ha certi prezzi …

E perché non aspetti semplicemente i saldi ? Cominciano fra una settimana.

Ma fra una settimana un vestito così bello l'avranno già venduto.

Ma Chiara, fatto sta che la nostra situazione finanziaria attuale non è delle migliori …

Sì, lo so … ma …

Allora quanto costa?

Un occhio della testa …

E cioè?

Mille Euro.

Mille Euro? Ma ti dà di volta il cervello … non ce lo possiamo permettere.

64 La nuova casa

Sì, ma ho speso un patrimonio per la casa nel centro storico.

Ah, hai comprato una casa … non sapevo …

*Sì, tra l'altro bellissima … ma **mi è costata un occhio della testa**.*

Eh, immagino … nel centro storico hanno certi prezzi.

E inoltre ho pagato una bella cifra all'agente immobiliare … poi i costi per la ristrutturazione …

Ma quando sarà pronta potrai anche chiedere un bell'affitto.

Purtroppo no … andrò io ad abitarci.

Vuoi lasciare la vostra casa? Va be', non è in centro … ma è bella, grande, in mezzo al verde …

Guarda, Domenico, non la lascerei se non dovessi.

costare un occhio della testa
ein Vermögen kosten
(ein Auge aus dem Kopf kosten)

Disoccupazione

65

Ma in questo caso non potremmo fare un'eccezione?

Impossibile ... dovresti sapere che sono due mesi che non ho lavoro.

Sì, ma non hai detto che troverai qualcosa fra poco?

Potrei trovare qualcosa ma non è sicuro ... perché devi **mettere** *sempre* **il dito nella piaga***?*

Non metto il dito nella piaga ... vorrei semplicemente comprarmi questo vestito.

Chiara, ti prego ...

Ma altre donne ...

L'insegnante francese

66

Devi lasciarla?

Sì ... non te ne ho ancora parlato, ma ... mia moglie ed io stiamo per divorziare.

Voi due? La coppia modello?

Ti prego, non **mettere il dito nella piaga** *... pensavo anch'io che fossimo una buona coppia.*

E invece? Che è successo?

Mia moglie ha un altro.

Oddio mio!

Ti ricordi le sue lezioni private di francese?

Sì, sì ... ricordo bene ... ci andava due volte la settimana e devo dire che il suo francese è migliorato molto.

È migliorato il suo francese ma anche il rapporto con l'insegnante.

O Angelo, mi dispiace.

mettere il dito nella piaga
den Finger in die Wunde legen

Una donna modesta

67

Altre donne, altre donne … non spenderanno tanto.

Vorresti dire che io spendo tanto?

*No, assolutamente … sei la modestia in persona: pago ancora le rate per la cucina americana che hai ordinato senza dirmi niente, pago poi i debiti tuoi per la Motofuzzi che hai comprato tre mesi fa … tu **hai le mani bucate**, cara.*

Macché mani bucate … compro le cose semplicemente nel momento giusto … e devi ammettere che la Motofuzzi è un gioiello: 10 HP, tutta cromata …

Va bene, va bene … Chiara: siamo al verde, ma non ti rendi conto?

Tante spese

68

Cosa vuoi che ti dica … sto di merda.

Ci credo.

*E così, vedi, spendo per la casa, spendo per l'avvocato, spendo per centomila altre cose … così dell'eredità non mi rimane quasi niente. E tu sai che io di solito **non ho le mani bucate**.*

No, anzi, tu sapevi sempre gestire bene i soldi.

Sai, in realtà non mi importa nulla dei soldi. Ma faccio fatica a vivere senza mia moglie.

E con lei non c'è niente da fare?

Niente da fare … ho cercato di salvare il salvabile, ma lei preferisce vivere con il suo francese.

avere le mani bucate
verschwenderisch sein
(löchrige Hände haben)

La banca

69

Oh, Alessandro, calmati …

Ma come faccio a calmarmi? Se andiamo avanti così la banca non mi darà più niente.

Ma abbiamo ancora il credito …

Un corno! … Il credito è consumato.

E gli altri titoli?

Venduti.

Non potresti nemmeno darmi …

NON POSSO DARTI NIENTE!!!

Ma tu **hai** proprio **i nervi a fior di pelle** …

Speranza e realtà

70

E tua moglie, quando ha messo le carte in tavola?

Due mesi fa.

Due mesi fa? E non mi hai detto niente?

Non volevo … avevo la speranza che tutto tornasse come prima e perciò non ne ho parlato con nessuno.

Ma tua moglie è convinta della sua scelta?

Convintissima. È innamorata cotta del suo nuovo amore. Mi basta pensare a quella faccia … con quel suo sorriso formato tessera … che mi viene da piangere …

Su su su, Angelo …

*Scusa, Domenico, ma **ho i nervi a fior di pelle** …*

avere i nervi a fior di pelle
gereizt sein; die Nerven liegen blank
(die Nerven an der Hautoberfläche haben)

!

Altre donne

71 *Non ho i nervi a fior di pelle … ma ho la testa a posto, sono semplicemente più ragionevole di te.*

Ascolta, Alessandro: qui si tratta soltanto di non perdere un'occasione … **mi mangerei il fegato** se non prendessi questo vestito.

Chiara, tu sei una donna intelligente, come fai a non capire che attualmente è impossibile?

Perché finora siamo sempre riusciti a mandare avanti la baracca in qualche modo …

Finora, ma c'è un limite a tutto …

Altre donne vanno in un qualsiasi negozio, mettono la carta di credito sul banco …

Un errore

72 *E mi viene una rabbia a pensare che io l'ho convinta a studiare il francese.*

Ah, non è stata una sua idea?

*No, lei voleva sempre fare russo. Ma io ho insistito: perché proprio il russo, non ti serve ecc. Potrei **mangiarmi il fegato** …*

Ma non vuol dire … forse si sarebbe anche innamorata di un insegnante russo …

Eh, chissà …

Lascia stare … devi dare tempo al tempo …

È vero … tanto non mi rimane altro.

mangiarsi il fegato
sich ärgern, wurmen
(die eigene Leber essen)

Stile di vita

73 *Possiamo cambiare discorso, per favore!*
Mariangela per esempio …

*Mariangela **vive alle spalle** di un uomo straricco.*

Ma lavora anche!

Ma quando mai ha lavorato? Non fa altro che andare da una beauty farm all'altra. Perché ti vuoi paragonare a una come lei?

Non è vero, Sandro. Mariangela lavora per suo marito alle fiere.

A far cosa? Preparare il caffè per i clienti e fare due chiacchiere? È un lavoro secondo te?

Ma sì che è un lavoro!

Una vita comoda

74 Ma per tornare al discorso economico … paghi anche per lei?

Fortunatamente no, il francese è un tipo pieno di soldi.

Quindi lei può **vivere alle sue spalle**?

Meno male … altrimenti avrei dei problemi …

Ma tua moglie non lavora?

Non ha mai lavorato molto volentieri … e adesso con lui se la può prendere con comodo.

E lui cosa fa?

vivere alle spalle di qualcuno
auf jemandes Kosten leben
(hinter jemandes Schultern leben)

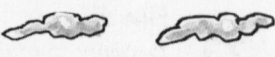

Pigrizia

75

E inoltre fa anche i lavori di casa.

Ah sì? Pensavo che avesse una donna di servizio che viene quattro volte la settimana.

Comunque … ha sempre qualcosa da fare.

Cosa? Leggere «Casa&Ambiente» dalla mattina alla sera?

*No, cara … Mariangela **non muove un dito**, credimi.*

E tu? Come fai a saperlo?

Me l'ha detto suo marito.

E lui come fa a saperlo visto che non c'è mai?

Il figlio di papà

76

*Lui **non muove un dito**.*

Come non muove un dito?

È di famiglia nobile … un figlio di papà.

Vedrai … fra un po' tua moglie si annoierà a morte.

Cavoli suoi! Gliel'ho detto anch'io …

Ma lei non ci vuole credere?

Non ci crede perché è ancora nella fase del primo innamoramento.

non muovere un dito
keinen Finger krumm machen
(keinen Finger bewegen)

!

Ultimo tentativo

77 *Non ho più voglia di queste discussioni, tanto cosa c'entra Mariangela?*

C'entra perché è una donna come me con certe esigenze.
Una donna come te! Normalmente dici peste e corna di Mariangela, ma quando ti fa comodo è una tua carissima amica ... è assurdo!

Solo perché non mi vuoi comprare il vestito **cerchi il pelo nell'uovo**.

Non so più cosa dirti ... Aspetta i saldi! Se va bene, il vestito ci sarà ancora, se no ... pazienza!

E per te la faccenda è chiusa?
Chiara, ti prego, lascia stare.

Gelosia

78 *Inoltre io non devo dire niente contro Jean Claude.*

Certo, perché tu sei il concorrente e il tuo giudizio non conta.

*Proprio così ... e sai ... mia moglie mi dice che io **cercherò sempre il pelo nell'uovo** per quanto riguarda Jean Claude.*

E non ha tutti i torti, vero?
Certo che non ha tutti i torti, ma come si fa a non essere gelosi in situazioni del genere?

Certo, al tuo posto sarei geloso anch'io.

cercare il pelo nell'uovo
ein Haar in der Suppe suchen
(ein Haar im Ei suchen)

Alcuni giorni dopo

79

Ciao tesoro … ma che hai? Fai sempre il broncio?
Lasciami in pace.
E invece ti comunico una bellissima notizia.
Ah sì?
Ho trovato lavoro … con uno stipendio eccezionale … se vuoi andiamo subito in centro e ti compriamo il vestito … che ne dici?
Non c'è bisogno.
Come non c'è bisogno? Qualche giorno fa non si parlava d'altro e …
Qualche giorno fa! Ma oggi mi ha telefonato Mariangela …
E cosa c'entra?
Si è comprata il vestito da Ormoni … potrei **strapparmi i capelli**!

Il donnaiolo

80

Ma prova a distrarti … devi uscire … anche con altre donne …
E le altre donne, dove le prendo?
Stai scherzando … un vecchio donnaiolo come te …
Macché donnaiolo!
E le donne che hai conosciuto l'anno scorso? Avevi l'imbarazzo della scelta tra una modella, una giornalista, un'attrice …
Ma sai, quando è cominciata la storia di mia moglie con il suo francese ho chiuso con tutte le mie storie e storielle …
E non lo rimpiangi?
Anzi, potrei **strapparmi i capelli** che le ho mollate … cercherei di ingelosire mia moglie …
Non essere ingenuo, Angelo … sono tattiche che in fondo non servono a niente.

strapparsi i capelli
sich die Haare ausraufen

61. Il vestito

il vestito
das Kleid
mettere via
weglegen
la vetrina
das Schaufenster

62. L'eredità

l'eredità
das Erbe
perfetto
perfekt
permettere
erlauben, leisten
sbagliarsi
sich irren
sentirsela
sich danach fühlen, sich in der
Lage fühlen
ereditare
erben
la somma
die Summe
recentemente
kürzlich

63. Il prezzo

i saldi (m, Pl.)
der Schlussverkauf
fatto sta che
Tatsache ist, dass …
le migliori (f, Pl.)
die Besten
l'Euro
der Euro

64. La nuova casa

spendere un patrimonio
ein Heidengeld ausgeben
il centro storico
die Altstadt

inoltre
außerdem
la cifra
die Ziffer, die Summe
l'agente immobiliare
der Immobilienmakler
i costi (m, Pl.)
die Kosten
la ristrutturazione
die Renovierung
chiedere
verlangen, fragen
l'affitto
die Miete
in mezzo a
mitten in/im

65. Disoccupazione

l'eccezione (f)
die Ausnahme

66. L'insegnante francese

francese
französisch, Franzose
stare per
kurz davor sein
la coppia modello
das mustergültige Paar
migliorare
besser werden, sich verbessern

67. Una donna modesta

modesto
bescheiden
spendere
ausgeben
la modestia
die Bescheidenheit
la rata
die Rate
la cucina americana
die Einbauküche
ammettere
zugeben

il gioiello
  das Juwel, das Schmuckstück
HP
  PS
cromato
  verchromt
essere al verde
  blank sein

68. Tante spese

le spese (f, Pl.)
  die Ausgaben
spendere
  ausgeben
gestire
  verwalten
nulla
  nichts, null
fare fatica
  schwer fallen
salvare il salvabile
  retten, was zu retten ist

69. La banca

il credito
  der Kredit
un corno!
  von wegen, denkste!
consumato
  verbraucht
il titolo
  das Wertpapier

70. Speranza e realtà

mettere le carte in tavola
  die Karten auf den Tisch legen
la scelta
  die Wahl, die Entscheidung
innamorato cotto
  unsterblich verliebt
il sorriso formato tessera
  das Passbildgrinsen

mi viene da ...
  mir wird zum …
su
  Kopf hoch, na komm, wird
  schon wieder

71. Altre donne

avere la testa a posto
  vernünftig sein
ragionevole
  vernünftig
finora
  bis jetzt
mandare avanti la baracca
  sich über Wasser halten, den
  Laden schmeißen
in qualche modo
  irgendwie
il limite
  die Grenze
qualsiasi
  irgendein
la carta di credito
  die Kreditkarte

72. Un errore

l'errore (m)
  der Fehler
non vuol dire
  das hat nichts zu bedeuten, das
  heißt nichts
chissà
  wer weiß
lasciar stare
  es (gut) sein lassen
dare tempo al tempo
  sich Zeit lassen/nehmen

73. Stile di vita

lo stile di vita
  der Lebensstil
cambiare discorso
  das Thema wechseln

straricco
  stinkreich
paragonar(si)
  (sich) vergleichen
la fiera
  die Messe
a far cosa?
  und was macht er/sie da?
fare due chiacchiere
  ein bisschen plaudern
secondo te
  deiner Meinung nach

74. Una vita comoda

pieno di soldi
  stinkreich
meno male
  zum Glück
prendersela con comodo
  es sich einfach machen, sich kein
  Bein ausreißen

75. Pigrizia

la pigrizia
  die Faulheit
i lavori di casa
  die Hausarbeit
la donna di servizio
  die Zugehfrau
visto che
  da, weil

76. Il figlio di papà

il figlio di papà
  das reiche Söhnchen, von Beruf
  Sohn
nobile
  adlig, Adels...
annoiarsi a morte
  sich zu Tode langweilen
cavoli suoi!
  sein / ihr Bier, seine / ihre
  Sache

77. Ultimo tentativo

il tentativo
  der Versuch
tanto
  überhaupt
dire peste e corna di qualcuno
  kein gutes Haar an jemandem
  lassen
far comodo
  gelegen kommen, passen
assurdo
  absurd
la faccenda
  die Angelegenheit
chiuso
  abgeschlossen, beendet

78. Gelosia

contro
  gegen
il giudizio
  das Urteil
non avere tutti i torti
  nicht ganz Unrecht haben
al tuo posto
  an deiner Stelle

79. Alcuni giorni dopo

fare il broncio
  eine Schnute ziehen, schmollen
lo stipendio
  das Gehalt
non c'è bisogno
  ist nicht nötig

80. Il donnaiolo

avere l'imbarazzo della scelta
  die Qual der Wahl haben
la giornalista
  die Journalistin
l'attrice (f)
  die Schauspielerin

chiudere
zumachen, Schluss machen
la storiella
das Geschichtchen
rimpiangere
bedauern
ingelosire
eifersüchtig machen
ingenuo
naiv

1. Qual è la risposta migliore?

1. Hai visto la nuova macchina di Ivan? Guarda, è una macchina
   - **a** da mangiarsi il fegato.
   - **b** da strapparsi i capelli.
   - **c** da giù di testa.

2. Volevo fare un bel regalo a mia moglie, ma i gioielli che mi piacciono
   - **a** mettono il dito nella piaga.
   - **b** vivono alle spalle di qualcuno.
   - **c** costano un occhio della testa.

3. Il vestito che ho comprato per mille Euro oggi costa solo cinquecento. Potrei
   - **a** mangiarmi il fegato.
   - **b** cercare il pelo nell'uovo.
   - **c** avere le mani bucate.

4. Sai che non voglio più parlare del divorzio. Mi fa troppo male, ma tu devi sempre
   - **a** avere i nervi a fior di pelle.
   - **b** strapparti i capelli.
   - **c** mettere il dito nella piaga.

5. Non so cosa faccia Angela con tutti i soldi che guadagna. Spende tantissimo, credo che
   - **a** abbia le mani bucate.
   - **b** abbia i nervi a fior di pelle.
   - **c** costi un occhio della testa.

6. Devo fare tutti i lavori di casa. Mio marito non fa proprio niente, lui
   - **a** è da giù di testa.
   - **b** mette il dito nella piaga.
   - **c** non muove un dito.

2. Ditelo con un'espressione idiomatica

1. Non posso comprare la casa nel centro storico. *Costa troppo.*

2. Il mio ragazzo non sa gestire i soldi. *Spende sempre più di quello che guadagna.*

3. Non ce la faccio a calmarmi. *Sono troppo nervosa.*

4. Gianni, non perdere quest'occasione! *Saresti arrabbiato con te stesso se la perdessi!*

5. La moglie dell'insegnante non lavora. *Vive con i soldi di suo marito.*

6. Perché devi sempre criticare? *Trovi sempre qualcosa che non ti piace.*

7. *I miei figli non aiutano mai in casa.* Vengono solo per mangiare e per dormire.

8. *È una donna bellissima, wow, è proprio favolosa!*

9. *Potrei impazzire* perché ho mollato tutte le mie donne.

10. Cambiamo discorso ... questo tema mi fa troppo male. Ti prego, *non insistere!*

3. Combinate

1. Lui non ha un soldo e non lavora nemmeno, ma lei è molto ricca. Così lui può ...
2. Ti ho presentato cento fotomodelle, ma trovi sempre qualcosa da criticare, tu ...
3. Ho fatto la spesa, ho cucinato, ho apparecchiato la tavola, ma tu non fai niente, non ...
4. La mia amica si è comprata il vestito che volevo comprare io, potrei ...
5. Lasciami in pace! Non me la sento di parlare ...
6. Francesco ha speso tutti i suoi soldi in un giorno, sai, lui ...
7. Ho visto una gonna bellissima in un negozio del centro, è proprio una gonna ...
8. Quanto costa la Motofuzzi? Tremila Euro? Mamma mia, ...
9. Ho sentito che ti hanno licenziato?! – Non me ne parlare, ti prego, ...
10. La cucina americana costa poco! È un'occasione! Se non la comprassi ...

a ho i nervi a fior di pelle.
b ha le mani bucate.
c cerchi il pelo nell'uovo.
d muovi un dito.
e vivere alle sue spalle.
f strapparmi i capelli!
g mi mangerei il fegato.
h non mettere il dito nella piaga.
i da giù di testa.
j costa un occhio della testa!

Risposte: 1. ...... **2.** ...... **3.** ...... **4.** ...... **5.** ...... **6.** ......

7. ...... **8.** ...... **9.** ...... **10.** ......

4. Traducete

1. Wir können uns kein Segelboot kaufen ... das kostet ein Vermögen!

2. Die Bank gibt mir nichts mehr, der Kredit ist verbraucht ... lasst mich in Frieden, ich bitte euch, meine Nerven liegen blank.

3. Meine Mutter ist immer blank, weil sie (so) verschwenderisch ist.

4. Wie? Die Einbauküche kostet nur (noch) dreitausend Euro? Ich habe das Doppelte bezahlt ... ich könnte mir die Haare ausraufen!

5. Ich verstehe dich nicht. Du bist nie zufrieden. Immer musst du ein Haar in der Suppe finden!

6. Willst du Fausto heiraten? Du wirst (schon) sehen, der will nur auf deine Kosten leben.

7. Mariangela liest nur «Casa&Ambiente» von morgens bis abends, glaube mir, sie macht keinen Finger krumm.

8. Ich habe ein wunderschönes Kleid gesehen ... irrsinnig!

9. Müsst ihr schon wieder von meiner Diät sprechen? Legt doch nicht immer den Finger in die Wunde!

10. Leider habe ich den letzten Film mit Franca Potente nicht gesehen ... ich könnte mich so ärgern!

RELIGIONE

Dopo la festa

81 È stata proprio una bella festa …

Sì, io ad ogni modo mi sono divertita un mondo.

Anch'io, ma ti confesso che sono stanca morta.

Ci credo, anche perché tu hai aiutato a preparare tutto.

Eh già, abbiamo iniziato verso le cinque del pomeriggio.

E che ore sono adesso?

Le cinque del mattino.

Mamma mia … come faccio a tornare a casa?

Fra mezz'ora ci dovrebbe essere il primo autobus per i pendolari.

*E invece no … solo d'estate … durante l'inverno gli autobus qui passano solo ogni **morte di papa**.*

Una bella sorpresa

82 Ciao Ivano! Ho una sorpresa per te, anzi per tutta la famiglia!

E sarebbe?

Sabato viene zia Clotilde.

Ma mi stai prendendo in giro o dici sul serio?

Purtroppo non è uno scherzo.

E perché deve venire proprio questo fine settimana? Io ho lavorato come un matto negli ultimi mesi e non vedevo l'ora che arrivasse questo weekend per andare in barca a vela con gli amici. E chi viene a rompere le scatole? Zia Clotilde!

Va be', non è proprio un piacere ospitarla, ma in fondo non dobbiamo lamentarci, visto che si fa viva solo **ogni morte di papa**.

ogni morte di papa
alle Jubeljahre
(jedes Mal, wenn ein Papst stirbt)

83 **In cerca di un passaggio**
Potresti andare con uno dei ragazzi ... Davide c'ha la macchina ...

Con Davide non andrei in macchina neanche per sogno.
Perché? Guida male?
*Non guida male, ma corre come un matto ... puoi **accendere una candela alla Madonna** se arrivi a casa sana e salva.*
Non sapevo ... mmh, ma chi potrebbe accompagnarti a casa? ... Federico forse.
Non è che l'idea m'entusiasmi ...

84 **Il compleanno di Cristian**
Meno male ... più spesso non la sopporterei ...
E poi, guarda ... se fosse venuta la settimana scorsa, sarebbe stato peggio ...
Oddio, è vero ... se avesse visto che i nostri ragazzi hanno giocato a freccette con il ritratto di zio Carlo ...
*Possiamo **accendere una candela alla Madonna** che non l'ha visto ... le sarebbe venuto un infarto!*
Però anche questo fine settimana non è che sia entusiasmante ...
A chi lo dici? Tu vuoi andare in barca a vela, nostro figlio compie gli anni ... oddio, quasi quasi mi sarei dimenticata ... gli devo organizzare la festa!
Oh ... Cristian sarà contento quando viene a sapere che ci sarà anche la zia.
Mamma mia, sai che ha invitato circa venti ragazzi?
Accidenti! La zia si dovrà tappare le orecchie!

accendere una candela alla Madonna
dem Himmel danken
(der Madonna eine Kerze anzünden)

In cerca di Federico

85 Perché? Federico è un bravo ragazzo, forse un po' invadente.

*Invadente? Mi ha **rotto l'anima** tutta la sera … e se mi faccio accompagnare da lui, potrebbe pensare d'essermi simpatico.*

Macché! Dai, Federico è in gamba, guida bene, cosa vuoi di più?

Hai ragione. Vado a cercarlo per chiedergli se ha voglia di accompagnarmi a casa … sai dov'è?

La macchina è ancora là, quindi non è ancora andato via.

Fedé! … Federico! …Fedé! … Niente …

Guarda è lì dietro il banco … dorme …

La festa si fa sabato

86 *Cristian, tesoro!*

Sì, mamma?

Devo dirti una cosa …

Che cosa?

Sai … si tratta della festa … non la potremmo rimandare al prossimo weekend?

Ma non c'è verso! Io ho già invitato tutti gli amici.

È solo che … abbiamo un piccolo problema …

Come sarebbe a dire?

Sabato viene zia Clotilde.

No, ma no! Perché non le hai detto che è impossibile?

Eh, la conosci … lei arriva sempre senza avvisare …

Ma è il mio compleanno … non vorrei che venisse questa befana a **romperci l'anima**.

Niente da fare, verrà.

rompere l'anima/le scatole
auf den Geist gehen
(die Seele/die Schachteln kaputtmachen)

Un «dolce» risveglio

87 Fedé! Su! Svegliati! … Dorme come un ghiro.
Federico … hanno rubato la tua macchina!

Come? Cosa? Quando?

Niente, volevo prenderti per il culo … la tua macchina è sempre là.

E perché mi devi spaventare così?

Per svegliarti e per chiederti se mi puoi accompagnare a casa.

Sì, in fondo … volentieri … solo che …

Ma?

Ho bevuto un po' troppo. Ma comincio già a riprendermi.

Dai, ti faccio un caffè che **fa resuscitare i morti** … vedrai che ti sveglierà!

Whisky, gin e liquore al caffè

88 Non me ne frega niente … noi festeggeremo … daremo un sonnifero alla zia.

Non lo prenderà … sai che lei non prende mai le medicine tranne whisky, gin e il liquore al caffè …

Stai parlando di quella **roba** schifosa **che fa resuscitare i morti**?

Sì, altro che sonnifero!

Allora la zia dovrà sopportarci … io non rinuncio alla festa …

E quanti ragazzi saranno?

Una trentina circa.

Trenta? Ma non erano venti?

All'inizio sì … ma sai, alcuni di loro portano altra gente …

una roba che fa resuscitare i morti
ein Zeug, das Tote weckt
(ein Zeug, das Tote auferstehen lässt)

Problemi con i vicini

89
Madonna mia … non è caffè, ma è veleno …
Come ti senti?
Meglio.
Ma te la senti di guidare?
Sì, sì, mi sono ripreso … andiamo.
Allora, Fedé … ti è piaciuta la festa?
Sì, molto, spero soltanto che i vicini si calmeranno.
Perché? Che è successo?
Hanno telefonato, direi, cinque volte … volevano chiamare la polizia.
Per il baccano che abbiamo fatto?
*Non solo … è vero, abbiamo fatto **un casino della Madonna**, ma non è l'unico motivo.*

La sorella di Cristian

90
Potreste almeno cercare di non fare troppo chiasso …
Scusa, mamma; ma è una festa, non è un funerale …
*Be', ma si può anche festeggiare senza fare **un casino della Madonna** … tua sorella per esempio …*
Mia sorella! Mia sorella è più piccola di me e quando lei festeggia ci sono solo le ragazzine della sua classe … ma noi facciamo una festa vera …
Non parlare così di Enrica!
Dai, mamma, non mi rompere le scatole …
Non ti rompo le scatole, ma vorrei soltanto che non parlassi così di tua sorella, ci siamo capiti?
Va be' … non dico più niente.

un casino della Madonna
ein Heidenspektakel, ein Riesendurcheinander
(ein Bordell der Madonna)

91 **Litigi**

E invece?
*Tra il proprietario della sala che abbiamo affittato
ed i vicini c'è ancora una causa in sospeso.*
Una causa? E si sa perché?
Io non sono al corrente, so soltanto che litigano sempre.
Chi? Il signore della sala ed i vicini?
*Sì, **sono come il diavolo e l'acqua santa**.*
E tu come fai a saperlo?
Me l'ha detto un mio compagno di classe.

92 **Gianfranco e la sorella**

*Allora Christian la festa si farà a due condizioni:
tu mi devi aiutare …*
Certo!
… e devi anche invitare Enrica!
Mamma no! Non ne ho voglia …
*Ma che male c'è? Alcuni dei tuoi amici la conoscono bene,
Gianfranco per esempio …*
Gianfranco non la sopporta.
*Non la sopporta? Ma da piccoli giocavano sempre insieme
… erano due amori …*
Da piccoli! Ma oggi **sono come il diavolo e l'acqua santa** …
a Gianfranco Enrica dà ai nervi e Enrica lo odia …
*Fai come ti pare … io ad ogni modo ti ho posto due
condizioni: puoi accettare o la festa non si fa.*
Quindi dovrò ingoiare la pillola …

essere come il diavolo e l'acqua santa
sich wie Hund und Katze vertragen
(wie Teufel und Weihwasser sein)

!

93 La vita in campagna

Ma è di qui?

Sì, e sai, qui siamo in un piccolo paese dove
ognuno **conosce vita, morte e miracoli** *dell'altro.*

Non farebbe per me.

*Neanche per me … meno male che non viviamo in
campagna.*

Ma torniamo al discorso del proprietario della sala: che
problema ha con i vicini?

È soprattutto uno dei vicini che ha dei problemi con lui …

E non sai proprio niente?

Corre voce che il litigio sia nato per la costruzione della sala.

La sala polivalente? Dove abbiamo festeggiato?

Sì.

94 La zia sa sempre tutto

Cos'è questo baccano?

Ma zia, ti ho detto che Cristian festeggia il suo
compleanno …

Mi sento come nella giungla …

Sai, è la musica che piace ai ragazzi …

A proposito … uno dei ragazzi mi sembra di conoscerlo …

Gianfranco forse … da piccolo giocava con Enrica …

Ah sì … adesso mi viene in mente … il figlio della dentista …

Sì, è proprio lui!

*Ricordo … la dentista che all'epoca tradì suo marito con il
commercialista … poi ha mollato anche quello per mettersi
con un manager della «Dentafasi» …*

Scusa, zia, ma come fai a **conoscere vita, morte e miracoli**
della mamma di Gianfranco?

Il suo ex marito è il figlio di una delle mie amiche …

Molto interessante …

conoscere vita, morte e miracoli di qualcuno
jemanden ganz genau kennen,
haargenau über jemanden Bescheid wissen
(jemandes Leben, Tod und Wundertaten kennen)

Economia e politica

95

E perché è nato il litigio? Spiegami!
Il vicino è un pezzo grosso nell'industria edile ed era molto amico dell'attuale proprietario della sala.
Aha …
*E il proprietario della sala è un uomo politico che nel comune del paese **ha voce in capitolo**.*
Forse comincio a capire …
Così il caro vicino industriale era convinto che lui avrebbe vinto l'appalto per la costruzione della sala.
E invece?

Preoccupazioni

96

Insopportabile questa musica …
Ma zia, lascia stare i ragazzi … vogliono divertirsi …
*Non capisco come tu possa permetterlo … se io qui **avessi voce in capitolo** non lo permetterei mai.*
Sono giovani … perché non devono festeggiare?
Festeggiare? Si riempiono di alcol e di droghe, vedrai … faranno una brutta fine …
Zia, ti prego! Non è vero!
Ma io recentemente ho letto in un articolo su «Donna Pettegola» che molti giovani tra i tredici e i dicotto anni prendono l'ecstasy …
Lascia stare i ragazzi! Sanno divertirsi anche senza droghe … credimi!

avere voce in capitolo
etwas zu melden haben, Einfluss besitzen
(eine Stimme im Kapitel[saal] haben)

Corruzione

97

Invece il nostro caro politico ha dato l'incarico al concorrente del suo amico.

Questa è bella! E sai perché?

Non esattamente … probabilmente per una questione di tangenti …

Che schifo!

*È uno schifo sì! Sai, questo politico venderebbe anche **l'anima al diavolo** solo per vincere le elezioni.*

E noi giovani? Perché abbiamo affittato una sua sala? Io non vorrei sostenere uno corrotto come lui.

Se non è lui è un altro … dai, sono tutti della stessa pasta.

Il fegato della zia

98

Non sottovalutare l'ecstasy, cara nipote …

Non la sottovaluto, ma ti dico che i miei figli non la prendono …

*Comunque … su «Donna Pettegola» ho letto che l'ecstasy – basta prenderla una volta – ti fa così dipendente che tu **venderesti** anche **l'anima al diavolo** per averla …*

Zia, prima di tutto non credo tanto alla verità sacrosanta degli articoli di «Donna Pettegola» e poi posso solo ripeterti che i miei figli non la prendono …

Cara nipote, spero tanto che tu abbia ragione.

Non ti preoccupare … pensa piuttosto al tuo fegato …

Al mio fegato? Perché?

Stasera hai fatto fuori quasi mezza bottiglia di gin.

La mamma della regina d'Inghilterra lo beve tutti i giorni …

vendere l'anima al diavolo
seine Seele dem Teufel verkaufen

La nuova generazione

99 Ma credimi, Fedé, prima o poi la verità verrà a galla.

Ma, io non sono tanto convinto …

Vedrai … **la farina del diavolo va tutta in crusca**.

Forse sei un po' troppo ingenua, cara.

Non sono ingenua, ma vorrei che la nostra generazione fosse diversa, non così corrotta.

Sarebbe bello, ma sai, io non sono così ottimista … la corruzione esiste da che mondo è mondo ed esisterà sempre.

E per questo noi dobbiamo opporci, non accettare queste porcherie.

Senti, cara, sono troppo stanco per discussioni del genere … sono già le 7 … e siamo quasi arrivati a casa tua.

Ma è un tema che vorrei riprendere.

Senz'altro.

Il giorno dopo

100 *Cristian, su alzati! È mezzogiorno …*

Sì, zia, arrivo …

Ti devo parlare …

Sì, lo so, la musica ti dà ai nervi …

Non è per la musica, ma per questo sacchettino di polvere bianca che ho trovato … che cos'è? L'hai rubato? Lo vendi? … Dio mio, Cristian, sei uno spacciatore? Sai che la farina del diavolo va tutta in crusca … finirai in galera …

Zia, scusa, ti posso frenare? Sai cos'è? È lo zucchero a velo che i vicini mi hanno dato ieri … serviva alla mamma per la mia torta di compleanno …

La farina del diavolo va tutta in crusca.
Unrecht Gut gedeiht nicht.
(Des Teufels Mehl wird völlig zu Kleie.)

VOCABOLIO

81. Dopo la festa

divertirsi un mondo
  sich sehr gut amüsieren
confessare
  gestehen, beichten
stanco morto
  todmüde
iniziare
  anfangen
il/la pendolare
  der/die Pendler/in
l'estate (f)
  der Sommer
l'inverno
  der Winter

82. Una bella sorpresa

anzi
  oder eher, besser gesagt
il matto
  der Verrückte
non veder l'ora
  es kaum erwarten können
rompere le scatole
  auf den Keks gehen, nerven
ospitare
  beherbergen
farsi vivo
  sich melden, ein Lebenszeichen
  von sich geben

83. In cerca di un passaggio

in cerca di
  auf der Suche nach
il passaggio
  die Mitfahrgelegenheit
neanche per sogno
  nicht mal im Traum
guidare
  fahren
correre
  rasen

sano e salvo
  gesund und munter,
  wohlbehalten

84. Il compleanno di Cristian

giocare a freccette
  Dart spielen
il ritratto
  das Bild, das Portrait
l'infarto
  der Infarkt
compiere gli anni
  Geburtstag haben
accidenti!
  Donnerwetter!
tappare
  verstopfen

85. In cerca di Federico

invadente
  aufdringlich
là
  da, dort
il banco
  die Theke

86. La festa si fa sabato

rimandare
  verschieben
non c'è verso
  kommt nicht in Frage
avvisare
  vorankündigen
la befana
  hässliche, alte Frau

87. Un «dolce» risveglio

il risveglio
  das Erwachen
dormire come un ghiro
  schlafen wie ein Murmeltier
prendere per il culo
  verarschen
spaventare
  erschrecken
svegliare
  wecken

88. Whisky, gin e liquore al caffè

il liquore al caffè
  der Mokkalikör
il sonnifero
  das Schlafmittel
tranne
  außer
schifoso
  ekelhaft
una trentina
  etwa dreißig
l'inizio
  der Anfang

89. Problemi con i vicini

il vicino
  der Nachbar
il veleno
  das Gift
il baccano
  der Riesentrubel

90. La sorella di Cristian

il chiasso
  der Lärm
il funerale
  die Beerdigung

91. Litigi

il litigio
  der Streit
il proprietario
  der Besitzer
affittare
  mieten
la causa
  der Rechtsstreit, das Verfahren
in sospeso
  in der Schwebe
essere al corrente
  auf dem Laufenden sein

92. Gianfranco e la sorella

a condizione
  unter der Bedingung
che male c'è?
  was ist dabei?
da piccoli
  als sie klein waren
essere un amore
  ein Schatz sein, ganz süß sein
dare ai nervi
  auf die Nerven gehen
odiare
  hassen
fai come ti pare!
  mach, was du willst!
porre
  stellen
ingoiare la pillola
  die bittere Pille schlucken

93. La vita in campagna

in campagna
auf dem Land
Non farebbe per me.
Das wär nichts für mich.
il discorso
das Thema
corre voce
man erzählt sich
la costruzione
der Bau, die Errichtung
la sala polivalente
die Mehrzweckhalle

94. La zia sa sempre tutto

la giungla
der Dschungel
il/la dentista
der/die Zahnarzt/ärztin
all'epoca
damals

95. Economia e politica

un pezzo grosso
ein hohes Tier
l'industria edile
die Bauindustrie
l'uomo politico
der Politiker
l'appalto
die öffentliche
Ausschreibung

96. Preoccupazioni

la preoccupazione
die Sorge, die Befürchtung
la droga
die Droge
fare una brutta fine
ein übles Ende nehmen
l'articolo
der Artikel
su
in

97. Corruzione

l'incarico
der Auftrag
Questa è bella!
Das ist ein starkes Stück!
una questione
eine Angelegenheit
la tangente
das Schmiergeld
Che schifo!
Ekelhaft! Widerlich!
vincere
gewinnen
corrotto
korrupt

98. Il fegato della zia

il fegato
die Leber
sottovalutare
unterschätzen
dipendente
abhängig
la verità sacrosanta
die «unantastbare» Wahrheit
fare fuori
niedermachen
la regina
die Königin

99. La nuova generazione

la generazione
die Generation
La verità viene a galla.
Die Wahrheit kommt ans Licht.
esistere
exisitieren
da che mondo è mondo
seit Menschengedenken
opporsi
sich widersetzen
riprendere
aufgreifen
senz'altro
aber klar, sicher

100. Il giorno dopo

alzarsi
aufstehen
il sacchettino
das Säckchen, das Beutelchen
la polvere
das Pulver
lo spacciatore
der Dealer
finire in galera
im Gefängnis landen
frenare
bremsen
lo zucchero a velo
der Puderzucker

1. Qual è la risposta migliore?

1. Come? L'autobus arriva solo fra due ore? – Sì, purtroppo qui
   a ha voce in capitolo.
   b vende l'anima al diavolo.
   c passa solo ogni morte di papa.

2. Non possiamo invitare Giulio e tua sorella … non vanno d'accordo, anzi
   a la farina del diavolo va tutta in crusca.
   b sono come il diavolo e l'acqua santa.
   c rompono l'anima.

3. Devi prendere un caffè in questo bar. È molto forte, sai
   a una roba che fa resuscitare i morti.
   b un casino della Madonna.
   c ogni morte di papa.

4. Sei andata in macchina con Davide? E sei arrivata a casa sana e salva? Puoi
   a avere voce in capitolo.
   b vendere l'anima al diavolo.
   c accendere una candela alla Madonna.

5. Vivo in un piccolo paese e tutti sanno tutto dell'altro. Qui
   a ognuno conosce vita, morte e miracoli dell'altro.
   b ognuno rompe l'anima all'altro.
   c ognuno accende una candela alla Madonna.

6. Non vorrei invitare Federico. È invadente e
   a ha voce in capitolo.
   b mi rompe l'anima.
   c accende una candela alla Madonna.

2. Ditelo con un'espressione idiomatica

1. La festa è finita alle due. Alle due è arrivata la polizia perché abbiamo fatto *tanto chiasso*.

2. Durante l'inverno gli autobus passano *molto raramente*.

3. Ragazzi, non fate niente di male! *Chi fa del male sarà sempre sfortunato.*

4. Quest'uomo politico *farebbe di tutto* solo per vincere le elezioni.

5. Non conosci mio zio? Ma *lui ha molto da dire* nel nostro comune!

6. *Franco e Giulio non vanno d'accordo. Uno odia l'altro.*

7. La mamma mi telefona tutti i giorni. *Mi dà ai nervi.*

8. *Puoi ringraziare Dio che tutto è andato bene.*

9. Questo caffè ti sveglierà sicuramente. *È molto forte.*

10. Mia zia *sa tutto del nostro vicino.*

3. Combinate

1. La zia telefona molto raramente. Di solito si fa viva solo ...
2. Tu vendi l'ecstasy? Finirai in galera! Devi sapere che ...
3. Il liquore al caffè è schifoso, ma è ...
4. Alle tre di notte i vicini volevano chiamare la polizia perché ...
5. Ma tu, mamma, sai veramente tutto della mia amica. Come fai a ...
6. Tu faresti di tutto solo per poterti comprare la «Motofuzzi». So che ...
7. Non puoi invitare Enrica e Federico. Loro due sono ...
8. In questo comune nessuno vuole sentire la mia opinione politica perché io qui ...
9. Davide corre come un matto. Se arrivi a casa sana e salva ...
10. No! Non vorrei che venisse la zia! È antipatica e ...

a la farina del diavolo va tutta in crusca.
b non ho voce in capitolo.
c una roba che fa resuscitare i morti.
d venderesti l'anima al diavolo per averla.
e come il diavolo e l'acqua santa.
f ogni morte di papa.
g mi rompe l'anima.
h conoscere vita, morte e miracoli di lei?
i abbiamo fatto un casino della Madonna.
j puoi accendere una candela alla Madonna.

Risposte: 1. ...... 2. ...... 3. ...... 4. ...... 5. ...... 6. ......

7. ...... 8. ...... 9. ...... 10. ......

4. Traducete

1. Ich habe «Donna Pettegola» gelesen. Jetzt weiß ich haargenau über Berlusconi Bescheid.

2. Wenn ich hier was zu sagen hätte, würde ich das nie erlauben.

3. Diese Politiker sind so korrupt! Aber eines Tages wird die Wahrheit ans Licht kommen. Unrecht Gut gedeiht nicht!

4. Du willst ohne Auto aufs Land fahren? Das wird nicht einfach sein, denn die Züge fahren nur alle Jubeljahre.

5. Wir trinken nie italienischen Kaffee. Das ist ein Zeug, das Tote aufweckt.

6. Morgen kommen meine Eltern zurück, und hier ist immer (noch) ein Riesendurcheinander.

7. Ihr könnt dem lieben Gott danken, dass ihr heil nach Hause gekommen seid.

8. Ich habe keine Lust, meine Freundin anzurufen. Sie geht mir auf den Geist.

9. Meine Tante würde ihre Seele dem Teufel verkaufen für eine Flasche Gin.

10. Du kannst nicht alle beide einladen. Die sind wie Hund und Katze.

Come sta la famiglia?

101

Enzo, ciao! Ma è una vita che non ci vediamo!

È vero, Paolo ... viviamo nella stessa città e non ci vediamo mai ...

Come va? Tutto a posto? Moglie e figli?

Eh be' ... non posso lamentarmi ... mia moglie sta bene, Mattia sta per fare la maturità ...

Mattia? Ma quanti anni ha?

Diciotto.

Mamma mia, è già grande ... io lo vedo ancora bambino ...

E invece è grande sì, c'ha la fidanzata, va bene a scuola, molto probabilmente avrà una borsa di studio all'università ... insomma, va tutto a meraviglia ...

Mattia è sempre stato fortunato e oltre alle sue doti è anche un bel ragazzo. Poi gli va bene tutto ... è proprio **nato con la camicia**.

Sfortuna

102

Sai Costanza che mi hanno licenziato?

No, Franca, non sapevo, e perché?

Non sono l'unica ... hanno licenziato circa cinquanta persone ... diminuzione del personale ...

Che brutta storia .... e adesso?

Sto facendo un corso di computer ... è un'offerta dell'ufficio di collocamento ...

E dopo il corso? Cosa intendi fare?

Ancora non lo so ... non è facile trovare qualcosa ...

Ci troviamo in un brutto periodo, è vero ...

Ma tu, cara Costanza, non puoi mica lamentarti ... tu che **sei nata con la camicia** ... sei sempre stata fortunata ...

essere nato con la camicia
ein Glückspilz sein
(mit dem Hemd geboren sein)

Un premio Nobel

103 E cosa vorrebbe studiare?

Sai, gli piacciono le materie scientifiche … vorrebbe fare fisica.

Però!

Sì, è il migliore della sua classe in fisica.

Vedrai … un giorno vincerà il premio Nobel!

*Non esageriamo … ma credo che **abbia la stoffa per** diventare un buon fisico.*

Io ad ogni modo lo ammiro … non ci capisco niente … la fisica per me è arabo.

Ma guarda … anche per me …

Senti, e l'altro tuo figlio? Cosa fa?

Le vere doti

104 *Non è solo questione di fortuna … ma piuttosto questione di conoscere le proprie doti …*

Come sarebbe a dire?

Tu per esempio hai sempre scelto dei lavori che non facevano per te.

E cosa avrei dovuto fare secondo te?

*Te l'ho sempre detto … tu **hai la stoffa** della ceramista …*

Ma Costanza … è bello fare la ceramica, ma non si guadagna nulla …

È il modo sbagliato di vedere le cose … quando sei convinta di una cosa la devi anche fare e vedrai che i soldi prima o poi arriveranno …

Ma … io ho qualche dubbio …

Non dubitare mai … devi fidarti delle tue capacità …

!

avere la stoffa di (per)
das Zeug haben zu
(den Stoff haben zu)

112

105 **La pecora nera**

Massimiliano?

Sì, Massimiliano … quello che suona la chitarra.

Con Massimiliano invece abbiamo qualche problema … è totalmente diverso da suo fratello.

Quanti anni ha?

Sedici.

E perché avete dei problemi con lui?

*Non ha voglia di studiare, va male a scuola … frequenta gente che non mi piace … credimi, mi **dà del filo da torcere** …*

Ma dopo la scuola dell'obbligo potrebbe anche fare qualcos'altro …

Eh, guarda, gli abbiamo già fatto centomila proposte, ma è fiato sprecato …

106 **Tanti ostacoli**

Non mi posso più fidare delle mie capacità da quando ho avuto l'incidente …

Hai ancora problemi?

Sì, la mano mi fa ancora male … posso fare dei piccoli lavori, ma per lavorare l'argilla ci vuole una bella forza …

Questo è vero … ma la mano guarirà o no?

Guarirà sì, per fortuna … ma mi rimangono ancora un sacco di debiti perché l'assicurazione non paga … la mia situazione attuale non è delle migliori … ci sono tante cose che mi **danno del filo da torcere** …

Prima di tutto devi trovare un lavoro …

A chi lo dici?

dare del filo da torcere
zu schaffen machen
(einen Faden zum Zwirnen geben)

!

Un'altra generazione

107 Non credo! Bisogna solo scoprire i suoi veri interessi …

Abbiamo già provato di tutto, Paolo … colle buone e colle cattive … non ha voglia di fare niente.

E la musica? Suona ancora?

Sì, ma ha mollato la musica classica … fa solo rock con alcuni cosiddetti amici …

Non essere così severo, Enzo … cerca di **metterti nei suoi panni** … è un'altra generazione con altri interessi …

Scusa, ma cosa vuoi che faccia con la musica rock?

Forse qualcosa che ha a che vedere con la tecnica del suono?

Ma per fare il tecnico del suono dovrebbe interessarsi almeno un po' di matematica, di fisica …

Secondo me è possibile svegliare l'interesse per una materia …

Un lavoro stagionale

108 *Forse ho un'idea … un mio amico ha un albergo vicino a Rimini … cerca un'animatrice per l'estate …*

Ma Costanza! Tu credi che io mi metta davanti ai clienti dell'albergo a fare il clown?

Perché no, Franca? Tra l'altro è retribuito anche bene …

Costanza, cara, sai qual è la realtà? È un lavoro stagionale, ti sfruttano per due, tre mesi e dopo te ne puoi andare, ma ti pare?

Sarebbe almeno un inizio …

Io devo pagare l'affitto, la macchina … **mettiti nei miei panni** … con un lavoro in albergo i soldi non mi basteranno mai!

E quindi cosa vorresti fare?

mettersi nei panni di qualcuno
sich in jemandes Lage versetzen
(sich in jemandes Kleider begeben)

Strategie

109 *In uno come Massimiliano non svegli niente …*

Non è mica detto … basta fargli capire che la fisica per esempio non è solo una materia scolastica, ma che gli può essere utile …

*Ma se **non capisce uno straccio** di cose tecniche.*

Non credo, è piuttosto che non vuole accettare le proposte dei genitori.

Non so …

Prova a parlare con i suoi amici … forse loro riescono a motivarlo.

I suoi amici? Ti ho detto che non mi piacciono … credo che siano tutti quanti drogati.

Lo credi perché hai dei pregiudizi … prova a parlare con loro. Non darti per vinto … coraggio! Dammi retta!

Un corso di montaggio

110 L'ufficio di collocamento offre anche dei corsi di riconversione professionale.

E cosa sarebbe nel tuo caso?

Un corso di montaggio … e non mi dispiacerebbe lavorare per il cinema, la televisione …

Scusa, ma anche quello è un lavoro manuale.

Ormai non più … si fa tutto al computer.

*Ma tu di cinema **non capisci uno straccio**!*

E cosa c'entra? È un lavoro tecnico.

E anche artistico.

> **non capire uno straccio/un'acca/un tubo**
> kein bisschen verstehen; keine Ahnung haben
> (keinen Lumpen/kein H/kein Rohr verstehen)

Le figlie sono diverse

111 *E secondo te serve a qualcosa?*

Ma che ne so! Ci devi provare ... io ad ogni modo ho fatto buone esperienze con questo metodo per quanto riguarda mia figlia Silvia.

Cioè?

Voleva mollare la scuola ... la stessa situazione ... all'inizio ho reagito come te, poi ho parlato con le sue amiche.

*Ma è **un altro paio di maniche** ... sono ragazzine ... non sono testarde come i maschi.*

Scusa, Enzo, ma non te ne intendi perché non hai figlie.

E va be' ... e com'è andata avanti?

Sai, un conto è quando i genitori cercano di convincerti ed un conto è quando lo fanno le amiche.

Lavoretti

112 Ok, per quanto riguarda il cinema sì, ma se fai il montaggio per la tv ...

*Va be' se fai le robacce per la tv è **un altro paio di maniche**, hai ragione. Ma per il momento è solo un corso, non guadagni ancora niente.*

È vero, ma spero di trovare un buon lavoro con questa qualificazione.

E nel frattempo? Come fai a pagare l'affitto, la macchina ... cioè tutte le cose di cui hai parlato prima?

Siccome si tratta di un corso serale, posso fare dei lavoretti durante il giorno.

Tipo?

Le pulizie, la babysitter ...

Ma chi te lo fa fare? ... A questo punto preferirei fare l'animatrice in un albergo.

No, Costanza, non mi va come lavoro e, ripeto, è un lavoro stagionale ...

È un altro paio di maniche.

Das steht auf einem anderen Blatt./Das ist ein anderes Paar Stiefel.
(Das ist ein anderes Paar Ärmel.)

116

Realizzare un sogno

113 *E cosa hai detto alle amiche?*

Che senza diploma scolastico sarà difficile per Silvia realizzare i suoi sogni.

Che sogni aveva?

Praticamente i sogni di tutte le ragazze di quell'età: voleva diventare attrice. E ho fatto capire alle sue amiche che Silvia non avrà un soldo da me, se non si dà da fare a scuola.

E ha funzionato?

Ha funzionato sì ... Silvia **si è rimboccata le maniche** e ha cominciato a studiare.

Mmh ... potrei provare a parlare con gli amici di Massimiliano, ma non so se il gioco vale la candela.

Dai, provaci almeno e fammi sapere poi com'è andata.

Va bene.

Costanza ha un'idea

114 *Ma fare le pulizie è un brutto lavoro, pagato anche male ... io darei i numeri ...*

Io invece non sono delicata come te, per me va bene ... lo posso fare regolarmente e poi io sono fatta così, mi piace **rimboccarmi le maniche** ... fare un lavoro pratico ...

Comunque, io vorrei trovarti qualcos'altro ... fammi pensare ...

Sei carina, Costanza, ma non credo che sia facile trovare qualcos'altro.

Non è mica detto ... sai, quasi quasi mi viene un'idea ... tu sai che Gianluca lavora spesso per la tv e conosce un po' di gente del settore ...

Sì, ma ...

Non mi contraddire! Gli parlerò della tua situazione. Forse può aiutarti.

Grazie, Costanza.

Ti telefono appena so qualcosa.

rimboccarsi le maniche
die Ärmel hochkrempeln; ans Werk gehen

Alcuni giorni dopo
Ti ringrazio tanto del consiglio che mia hai dato, Paolo.
Quindi hai avuto successo?!
Direi di sì e sai, in fondo gli amici di Massimiliano non sono così cattivi ...
Vedi, te l'ho detto!
*E quando gli ho detto che Massimiliano potrebbe fare il tecnico del suono erano addirittura entusiasti, perché gli serve un tecnico del suono per i loro progetti musicali ... non ti dico i dettagli ... ma loro mi hanno **spiegato per filo e per segno** cosa intendono fare, quale sarà il compito del tecnico e via discorrendo ...*
E tu, caro Enzo, non volevi darmi retta. E Massimiliano?
Non riconosco più mio figlio ... studia, fa ...

Un invito a cena
Ciao Franca ... ho parlato con mio marito.
E allora?
Avresti voglia di venire sabato sera a cena? Così Gianluca ti **spiegherà per filo e per segno** come devi fare, a chi ti devi rivolgere eccetera.
Ti ringrazio, Costanza, ma non vorrei crearvi dei problemi ...
Macché problemi! Cerchiamo solo di aiutare un'amica ...
Bene, vengo volentieri ... devo portare qualcosa?
Non portare niente ... Sei la nostra ospite.
Grazie ... allora ci vediamo sabato.

spiegare per filo e per segno
haarklein erklären
(durch Faden und Zeichen erklären)

Qualche ostacolo

117 Che bello! Vedi che le cose a volte **prendono una buona piega**!

Sono contentissimo … e non solo perché Massimiliano segue i nostri consigli, ma perché lo vedo più allegro, più motivato …

E l'anno scolastico? Ha ancora molto da studiare?

Sì, ed è preoccupato perché finora non ha studiato … deve recuperare molto …

Ma anche se alcuni esami non gli vanno bene, può sempre ripeterli …

Sì, ma ho paura che gli passi la voglia … per motivarlo adesso ci vuole un bel successo …

Incrociamo le dita allora!

Un cambiamento insolito

118 Allora, Franca, ti do il numero di telefono di un redattore di «Berlusca II» … forse lui può aiutarti …

Molto gentile, Gianluca, ma non mi serve più …

Come? Ma non cerchi più un lavoro?

Sì, solo che la situazione è cambiata di punto in bianco …

Costanza ti avrà detto che vado a fare le pulizie per guadagnare qualche soldo … e sai dove sono capitata?

Come faccio a saperlo?

Nella casa di un montatore di «Berlusca III» che offre dei corsi di montaggio all'interno della stazione televisiva …

E lui farà qualcosa per te?

Sì, posso cominiciare la prossima settimana a fare il corso … Tocco il cielo con un dito!

Ci credo … vedi che a volte le cose **prendono una buona piega**.

prendere una buona piega
eine gute Wendung nehmen
(eine gute Falte nehmen)

Prima delle vacanze

119 Ah, Massimiliano, ciao!
Ciao, zio Paolo ... non sei ancora partito per le
vacanze?
Partiamo fra due giorni ... e tu, Massimiliano?
Parto anch'io ... andiamo in Grecia con alcuni amici ... c'è
un festival di musica rock. Non vedo l'ora di partire ...
Eh, ci credo ... e a scuola tutto bene?
Guarda, non l'avrei mai creduto, ma mi è andata bene ... ho
preso addirittura dei bei voti in alcune materie ...
In quelle scientifiche?
Come fai a saperlo?
Intuizione ... e il babbo?
*Il babbo **non sta più nei propri panni** dalla gioia ... è molto*
orgoglioso di suo figlio.
Capisco bene ... scusa Massimiliano, ma devo scappare ...
Ciao, zio Paolo e buone vacanze!

Fortuna

120 Costanza, Costanza, dovevo subito telefonarti ...
Ma che è successo?
Guarda, **non sto più nei panni** dalla gioia ...
Dimmi!
Prima di tutto: non faccio solo il corso per imparare
qualcosa, ma è un lavoro retribuito ... non pagano tanto,
ma meglio di niente ...
Che bello!
E sai cosa mi hanno detto stamattina? Che molto proba-
bilmente mi assumeranno!
È una bellissima notizia! Sono contenta per te ...
Non è sicuro al cento per cento, ma ...
Vedrai che andrà in porto ...

non stare più nei propri panni
aus dem Häuschen geraten
(es in den eigenen Kleidern nicht mehr aushalten)

101. Come sta la famiglia?

è una vita
  es ist eine Ewigkeit her
la maturità
  das Abitur
andare bene/male a scuola
  gut/schlecht sein in der Schule
la dote
  die Begabung

102. Sfortuna

la sfortuna
  das Pech
la diminuzione
  die Reduzierung
l'offerta
  das Angebot
l'ufficio di collocamento
  das Arbeitsamt

103. Un premio Nobel

il premio Nobel
  der Nobelpreis
le materie scientifiche
  die naturwissenschaftlichen
  Fächer
la fisica
  die Physik
ammirare
  bewundern
Per me è arabo.
  Für mich sind das böhmische
  Dörfer.

104. Le vere doti

la ceramista
  die Keramikerin, die Töpferin
sbagliato
  falsch
prima o poi
  früher oder später

dubitare
  zweifeln
la capacità
  die Fähigkeit

105. La pecora nera

la pecora nera
  das schwarze Schaf
suonare
  spielen (Instrument)
la chitarra
  die Gitarre
la scuola dell'obbligo
  die Pflichtschule
fiato sprecato
  vergebliche Liebesmüh

106. Tanti ostacoli

l'incidente (m)
  der Unfall
l'argilla
  der (Töpfer)ton
la forza
  die Kraft
guarire
  heilen
l'assicurazione (f)
  die Versicherung

107. Un'altra generazione

scoprire
  entdecken
colle buone e colle cattive
  im Guten und im Bösen
cosiddetti
  so genannte
severo
  streng
avere a che vedere
  zu tun haben mit
la tecnica del suono
  die Tontechnik

il tecnico del suono
der Tontechniker
la materia (scolastica)
das (Schul)fach

108. Un lavoro stagionale

il lavoro stagionale
die Saisonarbeit
l'animatrice (f)
die Animateurin
retribuito
bezahlt, vergütet
sfruttare
ausbeuten
Ma ti pare?
Wo denkst du hin?

109. Strategie

utile
nützlich, dienlich
riuscire a
es schaffen
il drogato
der Drogenabhängige
darsi per vinto
sich geschlagen geben
coraggio!
Nur Mut!
dare retta a qualcuno
auf jemanden hören

110. Un corso di montaggio

il corso di montaggio
der Cutterkurs
la riconversione professionale
die Umschulung
il lavoro manuale
die Handarbeit
artistico
künstlerisch

111. Le figlie sono diverse

diverso
verschieden, anders
Ma che ne so!
Was weiß ich!
reagire
reagieren
testardo
dickköpfig
il maschio
der Junge, das Männchen
intendersi di qc.
sich auf etwas verstehen
un conto è … un conto è
es ist eine Sache … aber es ist
eine andere Sache

112. Lavoretti

il lavoretto
der Job, die Gelegenheitsarbeit
il montaggio
der Schnitt
la robaccia
der Mist, das wertlose Zeug
di cui
wovon
il corso serale
der Abendkurs
tipo?
wie etwa?
le pulizie (f, Pl.)
das Reinemachen, Putzen
Chi te lo fa fare?
Wie kommst du dazu?, Wer
zwingt dich dazu?

113. Realizzare un sogno

il diploma scolastico
der Schulabschluss
praticamente
praktisch
darsi da fare
sich anstrengen

Il gioco (non) vale la candela
Es ist der Mühe (nicht) wert.

114. Costanza ha un'idea

dare i numeri
durchdrehen, verrückt werden
delicato
empfindlich
carino
lieb, nett
contraddire
widersprechen

115. Alcuni giorni dopo

addirittura
sogar
il progetto
das Projekt
il dettaglio
das Detail

116. Un invito a cena

rivolgersi a
sich wenden an
creare
schaffen

117. Qualche ostacolo

seguire
(be)folgen
allegro
fröhlich
l'anno scolastico
das Schuljahr
recuperare
aufholen, nachholen
passare (voglia)
vergehen (Lust)
incrociare le dita
den Daumen drücken

118. Un cambiamento insolito

il redattore
der Redakteur
capitare
landen, hingeraten
il montatore
der Cutter
all'interno
innerhalb
la stazione televisiva
die Fernsehanstalt

119. Prima delle vacanze

la Grecia
Griechenland
superare
bestehen
il bel voto
die gute Note
orgoglioso
stolz

120. Fortuna

imparare
lernen
assumere
einstellen
al cento per cento
hundertprozentig
andare in porto
gut ausgehen, klappen

1. Qual è la risposta migliore?

1. Non ti lamentare! Tuo figlio è un bel ragazzo, intelligente e gli va bene tutto.
   a Ti dà del filo da torcere.
   b Prende una buona piega.
   c È nato con la camicia.

2. Per capire la sua situazione devi
   a rimboccarti le maniche.
   b metterti nei suoi panni.
   c prendere una buona piega.

3. Tu vorresti lavorare per il cinema? Ma non
   a ne capisci uno straccio.
   b sei un altro paio di maniche.
   c sei nato con la camicia.

4. I musicisti ti diranno cosa intendono fare.
   a Ti danno del filo da torcere.
   b Non stanno più nei propri panni.
   c Te lo spiegheranno per filo e per segno.

5. C'è ancora molto lavoro, ragazzi. Dovete
   a rimboccarvi le maniche.
   b prendere una buona piega.
   c dare del filo da torcere.

6. Mia figlia va male a scuola e beve.
   a È un altro paio di maniche.
   b Mi dà del filo da torcere.
   c È nata con la camicia.

2. Ditelo con un'espressione idiomatica

1. Non dormo più. Mio figlio *mi crea troppi problemi*.

2. Ma ti ho detto cosa devi fare! *Ti ho spiegato tutti i dettagli.*

3. *Cerca di capire la situazione di tuo figlio!*

4. Questo è un lavoro che fa per te! *Tu hai il talento* per diventare ceramista.

5. La TV non è come il cinema. *È completamente diversa.*

6. Che bello! *Sono tanto felice che non so più cosa fare.*

7. Cara Costanza, qui *devi metterti al lavoro!*

8. Tu vuoi fare il fisico? Ma *non capisci niente di fisica!*

9. Non lamentarti, Cinzia, *tu sei sempre fortunata!*

10. Nella vita le situazioni *possono cambiare in positivo.*

3. Combinate

1. Il babbo è molto orgoglioso di suo figlio. È felicissimo. Non …
2. Non posso fare un lavoro tecnico, perché io di tecnica non ne …
3. Questo ragazzo è bello, ha un sacco di soldi, è intelligente, gli va bene tutto, lui …
4. Mio marito ha un'altra, l'azienda mi ha licenziata … ci sono tante cose che …
5. Tu sei bravissima! Suoni molto bene, hai talento. Credimi, tu …
6. I nostri genitori non ci capiscono perché non …
7. Mi piace fare un lavoro pratico. Ho voglia di …
8. Ma quante volte ti devo ripetere la lezione? Il congiuntivo te l'ho già …
9. Non studio più il russo. Preferisco l'italiano perché è più facile. È proprio …
10. Di solito nella vita non sono molto fortunata, ma a volte …

a è nato con la camicia.
b sta più nei propri panni.
c le cose prendono una buona piega.
d capisco uno straccio.
e spiegato per filo e per segno.
f mi danno del filo da torcere.
g hai la stoffa per diventare pianista.
h rimboccarmi le maniche.
i si mettono nei nostri panni.
j un altro paio di maniche.

Risposte: 1. …… 2. …… 3. …… 4. …… 5. …… 6. ……

7. …… 8. …… 9. …… 10. ……

4. Traducete

1. Du hast wirklich das Zeug dazu, ein guter Physiker zu werden.

2. Versetze dich (doch mal) in meine Lage! Ich kann mir diese Wohnung nicht leisten.

3. Von technischen Dingen verstehst du leider überhaupt nichts.

4. Wir haben einen Haufen Probleme. Das macht mir zu schaffen.

5. Mamma mia! Dieser Junge ist wirklich ein Glückspilz.

6. Aber ich habe dir doch haarklein erklärt, wie der Computer funktioniert!

7. Manchmal wenden sich die Dinge zum Guten.

8. Du kommst um Mitternacht nach Hause, Gina! Ja, ich weiß, die Jungs feiern bis um 3, aber das ist ein anderes Paar Stiefel.

9. Meine Mutter hat einen neuen Lover. Sie ist völlig aus dem Häuschen vor Glück.

10. Bei mir zu Hause ist eine Heidenunordnung. Heute Nachmittag müssen wir die Ärmel hochkrempeln.

UTENSILI+ACCESSORI

Tra amici

121 Scusate il ritardo, ma ho incontrato il mio vecchio medico di famiglia ... mi ha **attaccato un bottone** ...

Non ti preoccupare, Sergio, anche noi siamo arrivati solo cinque minuti fa ... è difficile trovare un parcheggio a quest'ora.

Io sono venuto a piedi ... tanto per cambiare ...

Tu? A piedi? Di solito vai a prendere le sigarette in macchina.

Sì, di solito ...

Non sarai mica malato, Sergio ... che ti prende?

Niente, ma preferisco cambiare discorso.

Va be' ... tanto dobbiamo parlare della festa. Vi faccio vedere le proposte per il menù.

122 Una vecchia fiamma

Sei in ritardo, Fabio! Ormai la pasta è scotta ...

Scusa, mamma, ma ho incontrato Rita in centro ... mi ha **attaccato un bottone**, *Madonna mia.*

Rita? La tua vecchia fiamma?

Macché vecchia fiamma ... è lei che mi sta dietro.

Ma io mi ricordo che c'era un periodo in cui vi vedevate spesso.

Sì, quando Susanna ed io ci siamo lasciati.

Ah, e in quel periodo ti faceva comodo avere un'amica come Rita?

Sì, perché Rita era in grado di capirmi, sapeva darmi conforto.

attaccare un bottone a qualcuno
jemanden voll quatschen
(jemandem einen Knopf annähen)

Preparativi per la festa

123 *Allora, vi leggo il primo menù: come antipasto propongono l'insalata russa, poi come primo le penne ai quattro formaggi …*

Ma è tutta roba pesantissima …

Scusa, Sergio, ma ti è sempre piaciuto mangiare grasso … c'è qualcosa che non va?

No, no … pensavo solo che oggi parlassimo dell'organizzazione, degli inviti e non del menù.

Tutto a suo tempo … e normalmente parli volentieri del mangiare … strano.

Eh, oggi non è il tema che fa per me.

Cos'hai, Sergio? **Sembri giù di corda**, *… si può sapere perché?*

Se proprio insistete …

I maschi sono così

124 Siete tutti quanti uguali, voi maschi, quando le donne vi servono le cercate, quando non ne avete più bisogno le buttate via.

No, non è così …

Come non è così? Tu **eri giù di corda** … e chi era sempre con te a incoraggiarti, a consolarti? Rita!

Va bene, ma le piaceva anche stare con me, passare del tempo con me …

Certo, perché tu sei così divertente, così spiritoso …

Ma scusa, mamma, ognuno è libero di scegliere … e se Rita mi ha dedicato una buona parte del suo tempo è stata una sua decisione … e in quel periodo stava tra l'altro ancora con il suo fidanzato, ormai ex fidanzato …

D'accordo, ma Fabio, tu sai benissimo che l'ex fidanzato di Rita non è stata mai una cosa seria per lei.

Aha, Rita può fare il doppio gioco con il suo fidanzato, ma io non devo far niente.

essere giù di corda
niedergeschlagen sein
(mit durchhängender Schnur)

Problemi di salute

125 Vi ho detto che prima di venire qui ho incontrato il mio vecchio medico …

Sì, e allora?

E come potete vedere io peso troppo e fumo troppo …

Ma dai, qualche vizio ce lo dobbiamo concedere.

Eh be' anch'io la vedevo sempre così e mangiavo, fumavo, bevevo e non me ne fregava niente del giudizio del medico.

Ma lui non ha cercato di convincerti?

Certo, le solite storie … che il fumo provoca il cancro eccetera …

E tu?

Non gli ho dato retta, ma ho cambiato medico.

Ottima idea!

Non l'avessi mai fatto! **Sono caduto dalla padella nella brace**.

Le speranze di Rita

126 Non era un doppio gioco …

Lasciamo perdere … non capirò mai la logica femminile …

Perché non fai il minimo sforzo … non vuoi capirci …

Tanto, mamma, tu cosa sai della storia tra me e Rita?

Più di quello che pensi … Rita mi ha telefonato alcune volte.

Ti ha telefonato? Alle mie spalle? Questa è bella!

… per dirmi che aveva lasciato il suo fidanzato solo per te! Ma non capisci?

Guarda, mamma, io ho detto a Rita chiaro e tondo che con me non c'era niente da fare … che io per lei sarò sempre un amico ma niente di più …

Povera Rita! Sperava tanto di poter stare con te …

*Può ringraziare Dio che non è mai capitato … con me al posto del suo fidanzato sarebbe **caduta dalla padella nella brace**.*

cadere dalla padella nella brace
vom Regen in die Traufe kommen
(aus der Pfanne in die Glut fallen)

133

127 Brutte notizie

In che senso?

Dopo tutte le analisi mediche **mi ha messo sotto il torchio**: se vai avanti così, mi ha detto, vivi con il rischio dell' 80% di subire un infarto prima o poi ... o cambi vita o ...

Mamma mia ... e tu, cos'hai detto?

Gli ho chiesto cosa devo fare ...

E lui?

Mi ha fatto capire che devo smettere di fumare, bere meno alcol, fare sport e dimagrire di circa venti chili ...

Però, non è uno scherzo!

Assolutamente, stavo per piangere, ragazzi, voi sapete come sono fatto.

E allora?

128 La gelosia di Rita

E perché, Fabio? Non sei mica male, te e Rita vi vedo una bella coppia ...

Mamma, scusa, ma in fondo non sai niente ... Rita è una ragazza carina sì, ma è anche molto esigente e anche molto gelosa ...

Rita è gelosa? Non avrei detto.

*E appunto, perché non la conosci. Noi eravamo amici, nient'altro, ma tutte le volte che io uscivo con altre ragazze Rita mi **metteva sotto il torchio** e faceva mille domande ...*

Il suo fidanzato aveva una pazienza da certosino ... sopportava sempre le domande di Rita, ma io no ...

Ma tu lo conosci, il fidanzato?

Non molto bene, ma frequentiamo più o meno gli stessi bar, gli stessi ristoranti ...

mettere sotto il torchio
in die Mangel nehmen
(unter die Presse legen)

Sport, no grazie

129 Sono tornato dal mio vecchio medico … solo per sentire che in realtà la mia situazione non era così grave …

E allora?

Gli ho fatto vedere i risultati delle analisi … e anche il mio medico che mi conosce da quando ero bambino non mi ha proprio incoraggiato.

Ci credo … anch'io ti ho sempre detto di fare almeno un po' di sport.

Ma, Marco, io non sono il tipo da palestra.

*Non devi mica andare in palestra, basta fare un po' di footing o un po' di nuoto … ma tu, caro Sergio, non **hai mai fatto un tubo**.*

Grazie del consiglio prezioso, è proprio quello che volevo sentire.

Il fidanzato

130 E sai come si chiama?

Chi?

L'ex fidanzato di Rita naturalmente …

Mauro Chiaramonte!

Chiaramonte! Un nobile!

*E sì, un nobile, un figlio di papà … non lavora, non studia, insomma **non fa un tubo**.*

Non c'è per caso un po' di gelosia nelle tue parole?

Macché gelosia! Non lo invidio proprio.

non fare un tubo
überhaupt nichts tun
(kein Rohr tun)

Cambiare vita

131 *Te lo dico perché sei un amico.*

Va be', nel frattempo ho capito anch'io che non posso andare avanti così e me l'ha detto anche il mio vecchio medico: fumi come un turco, mangi troppo e **bevi come una spugna**, cosa ti aspetti?

Eh, come dice il proverbio? «Bacco, tabacco e Venere riducono l'uomo in cenere.»

Non fare lo spiritoso, Marco!

Non mi prendere troppo sul serio, Sergio, sai che io scherzo sempre …

Può darsi, ma attualmente non me la sento di scherzare.

Ma dai, non tutti i mali vengono per nuocere … hai la possibilità di cambiare vita … è una chance!

Una chance? Ma cosa mi rimane della vita? Senza vino, senza fumo, senza mangiare quello che mi piace?

Ricchi e nobili

132 Be', non so, non mi dispiacerebbe avere i soldi della famiglia Chiaramonte …

Non me ne frega niente. Mauro è ricco, sì, ma è comunque un ragazzo che ha dei problemi …

In che senso?

*Con la famiglia: suo padre **beve come una spugna**, la madre non c'è mai …*

Poveretto! E adesso anche Rita se n'è andata …

Eh, sì, ma sai, anche Rita non ne poteva più. Mi ha detto che Mauro era un ragazzo molto comprensivo e carino da un lato, ma dall'altro privo di energia e di iniziativa.

Poveretto, mi fa proprio pena.

Non esagerare, mamma … non è mica tuo figlio!

Certo che non è mio figlio … ma mi fa comunque pena.

Mamma, ti prego … cambiamo discorso.

bere come una spugna
saufen wie ein Loch
(wie ein Schwamm)

136

Una sorpresa

133 *Io non la vedo così, ma forse dovresti parlare con qualcuno che si trova nella tua stessa situazione …*

Io non conosco nessuno.

*Certo che conosci qualcuno … Riccardo. Ti ricordi? Anche lui **aveva la corda al collo** circa due anni fa … stava molto, ma molto male …*

È vero … ma è una vita che non lo vedo.

Ci penso io! Gli telefono domani.

Non c'è più bisogno … guarda!

Non credo ai miei occhi … Riccardo … stavamo parlando di te in questo momento, ti giuro.

È vero, due secondi fa …

Alcuni giorni dopo

134 Hai visto il giornale di oggi, Fabio?

No, perché? C'è qualcosa di interessante?

Sì, guarda il titolo: «Gruppo Chiaramonte: gravi problemi finanziari» … lo sapevi?

*Non dettagliatamente, ma Rita mi aveva già detto che il gruppo Chiaramonte **aveva la corda al collo** …*

Molto interessante … e si sa perché?

Mamma, ti prego, non mi rompere le scatole! Come mai questo interesse per la famiglia Chiaramonte?

Mi interessano le storie delle famiglie nobili …

Credo che tu legga troppo spesso «Novella 3000»!

Non c'entra niente … la storia dei Chiaramonte m'interessa personalmente perché conosciamo il figlio Mauro.

avere la corda al collo
das Wasser bis zum Hals stehen haben;
nicht mehr ein noch aus wissen
(den Strick um den Hals haben)

137

135 Uno specialista

Ciao ragazzi!

Riccardo, **capiti proprio a pennello** … devo parlarti …

Mi prendi per il culo, Sergio?

No, no, è una cosa piuttosto seria … stiamo parlando della mia salute, o meglio dei miei vizi.

Domandami tutto quello che vuoi, ormai sono uno specialista … fammi indovinare: devi dimagrire?

Sì.

Smettere di fumare?

Sì.

Meno alcol?

Sì, ma come fai a saperlo?

Non è mica difficile … si vede …

E cosa devo fare?

136 Il fallimento

Conosciamo il figlio Mauro? Tu non lo conosci per niente ed io lo conosco di vista. L'unica persona che lo conosce è Rita. E se la storia ti interessa tanto ti consiglio di telefonarle.

Buon giorno.

Rita? Ma come sei entrata? Non ho sentito niente …

La porta era aperta … ho bussato, ma non avete sentito …

*Ad ogni modo **capiti proprio a pennello** … la mamma vuole parlarti …*

E perché?

Vuole sapere tutto sulla famiglia Chiaramonte … prima puntata: Mauro Chiaramonte. Seconda puntata: fallimento della famiglia Chiaramonte.

Non prenderci in giro, Fabio.

Ma no, per carità! Vi lascio sole.

capitare a pennello
wie gerufen kommen
(auf den Pinsel genau kommen)

Benessere

137 *Tutto quello che ti ha detto il medico.*
O mamma, non ce la farò mai.
E invece sì che ce la farai ... ti consiglio di fare una bella vacanza di benessere.
Vacanza di benessere? Ma che cacchio è?
Wellness ... mai sentito? Ti fai tre settimane a Salsominore ... disintossicazione, cibo sano ...
Non ne voglio sapere.
Provaci ... anch'io all'inizio non ne avevo la minima voglia ... ma vedrai che ti piacerà.
Ma, non so ...
*Ti sentirai benissimo ... va be', tu non sarai mai **secco come un chiodo**, ma più magro ad ogni modo e più attraente.*

Storie tristi

138 Ciao, Rita ... hai letto il giornale?
Sì, sì, ho letto tutto.
E allora?
È da una settimana che telefono tutti i giorni a Mauro per sentire com'è la situazione.
E com'è?
Grave, hanno già chiuso due stabilimenti.
E Mauro, come sta?
Male, non si è mai interessato degli affari di suo padre ... ma da quando è maggiorenne se ne deve interessare per forza ... e oggi come oggi ha una bella responsabilità. La storia gli sta sullo stomaco.
Poveretto!
*Eh, povero sì. Sta male anche fisicamente, sai era sempre **secco come un chiodo**, ma con questa storia è ancora dimagrito.*

secco come un chiodo
ganz schlank; ganz mager
(dünn wie ein Nagel)

!

139

Le infermiere

139 Più attraente? Io?

Certo … e ritroverai il tuo equilibrio interiore …

Equilibrio interiore? Ma **ti manca una rotella**, Riccardo! Tu che nella vita ne hai combinate di cotte e di crude mi parli di equilibrio interiore?

Posso solo darti dei consigli, caro Sergio.

Grazie, ma non fanno per me.

Ma forse le infermiere fanno per te?

Infermiere? Quali infermiere?

Il personale del «wellness» di Salsominore.

Parlamene … la settimana del benessere comincia ad interessarmi …

La situazione è difficile

140 Ma secondo te, Rita, i Chiaramonte ce la faranno?

Non so … sarà difficile … anche perché il padre a volte prende decisioni assurde …

Ah, il padre ha ancora voce in capitolo?

*Sì, purtroppo, secondo me **gli manca una rotella**.*

Non è una meraviglia con tutto l'alcol che beve.

In effetti, è una triste realtà.

A questo punto preferisco avere meno soldi ma la testa a posto …

… e un figlio come Fabio!

Gli manca una rotella.
Bei dem ist eine Schraube locker.
(Dem fehlt ein Rädchen.)

!

121. Tra amici

il ritardo
die Verspätung
vecchio
alt
il medico di famiglia
der Hausarzt
il parcheggio
der Parkplatz
tanto per cambiare
öfter mal was Neues

122. Una vecchia fiamma

la fiamma
die Flamme
scotto
verkocht
essere in grado
in der Lage sein
il conforto
der Trost

123. Preparativi per la festa

i preparativi (m, Pl.)
die Vorbereitungen
l'insalata russa
Gemüsesalat mit Mayonnaise
le penne ai quattro formaggi
Penne mit einer Sauce aus vier
Käsesorten
la roba
das Zeug
pesante
schwer
grasso
fett
tutto a suo tempo
alles zu seiner Zeit

124. I maschi sono così

tutti quanti
alle miteinander

buttare via
wegwerfen
consolare
trösten
passare del tempo
Zeit verbringen
spiritoso
geistreich
stare con
zusammen sein mit (Beziehung)
d'accordo
einverstanden
fare il doppio gioco
doppeltes Spiel spielen

125. Problemi di salute

pesare
wiegen
il vizio
das Laster
concedere
zugestehen
il cancro
der Krebs

126. Le speranze di Rita

la logica femminile
die weibliche Logik
lo sforzo
die Anstrengung
chiaro e tondo
klipp und klar
al posto di
an Stelle von

127. Brutte notizie

l'analisi medica
die medizinische Untersuchung
andare avanti
weitermachen
il rischio
das Risiko

subire
   erleiden

128. La gelosia di Rita

non essere mica male
   nicht übel sein
esigente
   anspruchsvoll, fordernd
la pazienza da certosino
   die Engelsgeduld

129. Sport, no grazie

grave
   ernst, schwerwiegend
la palestra
   Fitnessstudio, Turnhalle
fare footing
   joggen
il nuoto
   das Schwimmen

130. Il fidanzato

invidiare
   beneiden

131. Cambiare vita

fumare come un turco
   wie ein Schlot rauchen
il proverbio
   das Sprichwort
Bacco, tabacco e Venere riducono l'uomo in cenere.
   Wein, Weib und Gesang sind des Menschen Untergang.
prendere sul serio
   ernst nehmen

132. Ricchi e nobili

il poveretto
   der arme Kerl
non poterne più
   es nicht mehr aushalten

comprensivo
   verständnisvoll
da un lato ... dall'altro (lato)
   einerseits ... andererseits
privo di
   ohne
far pena
   Leid tun

133. Una sorpresa

pensarci
   dran denken, sich drum kümmern
giurare
   schwören

134. Alcuni giorni dopo

il giornale
   die Zeitung
il titolo
   die Überschrift, die Schlagzeile
il gruppo
   der Konzern
dettagliatamente
   genau, en détail

135. Uno specialista

lo specialista
   der Spezialist
indovinare
   raten

136. Il fallimento

il fallimento
   das Scheitern, der Konkurs
di vista
   vom Sehen
bussare
   klopfen
la puntata
   die Folge (einer Fortsetzungsgeschichte)

per carità
um Himmels willen

137. Benessere

il benessere
das Wohlfühlen, Wellness
che cacchio
was für ein Mist
la disintossicazione
die Entgiftung
il cibo
die Nahrung
sano
gesund
magro
schlank, mager
attraente
attraktiv

138. Storie tristi

lo stabilimento
der Betrieb, das Werk
gli affari (m, Pl.)
die Geschäfte
maggiorenne
volljährig
per forza
zwangsläufig
la responsabilità
die Verantwortung
stare sullo stomaco
auf dem Magen liegen
fisicamente
körperlich

139. Le infermiere

l'infermiera
die Krankenschwester
l'equilibrio interiore
das innere Gleichgewicht
combinarne di cotte e di crude
die unglaublichsten Dinge
anstellen

144

1. Qual è la risposta migliore?

1. Credo che Sergio non stia bene. Non mangia, non parla,
 a cade dalla padella nella brace.
 b sembra essere giù di corda.
 c attacca un bottone.

2. Ho cambiato medico. Ma il nuovo medico è peggio.
 a Sono caduto dalla padella nella brace.
 b È magro come un chiodo.
 c Capita a pennello.

3. Questi ragazzi non mi aiutano mai.
 a Hanno la corda al collo.
 b Non fanno un tubo.
 c Gli manca una rotella.

4. Carla! Abbiamo parlato di te in questo momento.
 a Capiti proprio a pennello!
 b Bevi come una spugna!
 c Hai la corda al collo!

5. Mio figlio non mangia.
 a Non fa un tubo.
 b Attacca un bottone.
 c È magro come un chiodo.

6. Ho un sacco di debiti, ho problemi con mia moglie,
 a capito a pennello.
 b sono magro come un chiodo.
 c ho la corda al collo.

2. Ditelo con un'espressione idiomatica

1. Francesca! *Arrivi proprio nel momento giusto!*

2. Sono uscito con la fotomodella e dopo Rita *mi ha fatto mille domande* perché voleva sapere tutto.

3. Sai che il padre di Claudia *beve tanto?*

4. Fabio non sa più cosa dice … *non ha la testa a posto.*

5. Non sappiamo più cosa fare. *Ci troviamo in una situazione difficilissima.*

6. Rita è proprio sfortunata: il suo vecchio ragazzo era un idiota, ma quello nuovo è *peggio.*

7. Anna non lavora, *non fa mai niente.*

8. Franco ha fatto la dieta. Adesso è *molto magro.*

9. Non sopporto Gianfranco: quando lo vedo *non fa altro che parlare e parlare.*

10. Non ho voglia di niente … *sono triste.*

3. Combinate

1. Mangi troppo, fumi come un turco e …
2. Stavamo parlando di te, Riccardo, tu …
3. Il padre di Fabio è pazzo, prende decisioni assurde, secondo me …
4. Ho incontrato il mio vecchio medico – lui parla sempre, mamma mia …
5. Il primo albergo era una catastrofe, ma il secondo era peggio, siamo …
6. Ragazzi! Vi ho pregato di darmi una mano, ma voi …
7. Rita mi ha visto in centro con un'altra ragazza. Poi voleva sapere tutto e mi ha …
8. Hai perso dieci chili! Sei …
9. Non me la sento di andare alla festa. Sono proprio …
10. Il gruppo Chiaramonte ha gravi problemi finanziari, …

a giù di corda.
b capiti proprio a pennello!
c hanno la corda al collo.
d messo sotto il torchio.
e gli manca una rotella.
f caduti dalla padella nella brace.
g mi ha attaccato un bottone!
h diventato magro come un chiodo.
i non fate un tubo.
j bevi come una spugna.

Risposte: 1. …… **2.** …… **3.** …… **4.** …… **5.** …… **6.** ……

7. …… **8.** …… **9.** …… **10.** ……

4. Traducete

1. Der neue Arzt hat mich in die Mangel genommen: Jetzt muss ich aufhören zu rauchen.

2. Mit dem neuen Werk sind wir leider vom Regen in die Traufe gekommen.

3. Du musst weniger Alkohol trinken! Du säufst (ja) wie ein Loch!

4. Gestern habe ich Sergio getroffen. Mamma mia, der hat mich voll gequatscht!

5. Die Krankenschwester kommt wie gerufen.

6. Auf den höre ich nicht. Bei dem ist doch eine Schraube locker!

7. Ich kann meine Schulden nicht bezahlen. Mir steht das Wasser bis zum Hals.

8. Habt ihr Riccardo gesehen? Nach zwei Wochen «Wellness» ist er ganz schlank geworden.

9. Du joggst nicht, du gehst nicht ins Fitnessstudio, du machst gar nichts!

10. Meine Frau hat einen anderen. Mir geht's schlecht. Ich hänge durch.

UN PO' DI TUTTO

Il concerto

141 Ragazzi, andiamo al concerto delle «Scarpe ortopediche»? Ne avete voglia?

Quand'è?

Sabato.

Sarà difficile trovare i biglietti … ieri ho visto la fila davanti al botteghino … era lunghissima.

Mmh, ci credo, i biglietti per questo concerto **vanno a ruba**.

E se domani andiamo subito lì quando apre la cassa? Così la fila non sarà tanto lunga.

Sinceramente non ne ho molta voglia … sarebbe meglio se conoscessimo qualcuno dell'agenzia o qualcuno della stampa.

Qualcuno della stampa? Fammi pensare ….

Presentazione di P.P.

142 Signore e signori, stasera abbiamo qui un ospite particolare, un personaggio che molti di voi conoscono da tempo perché hanno i suoi dischi, i suoi compact a casa. Lo adorate per la musica che fa, sapete che ha vinto un sacco di premi come pianista … e questo personaggio è diventato ancora più famoso per una sua nuova attività: scrive romanzi. L'ultimo suo romanzo lo trovate in tutte le librerie – o forse non lo trovate più perché **va** tanto **a ruba** che ormai è quasi esaurito … tutti quanti avrete già capito di chi sto parlando, e cioè del musicista-scrittore Pinco Pallino!

Un applauso per il signor Pallino!

andare a ruba
reißenden Absatz finden; weggehen wie warme Semmeln

143 La giornalista Ilena

Ilena, scusa, ma tu non lavori da qualche mese per «Il Resto del Cretino»?

Sì, da due mesi.

E non vai per caso al concerto delle «Scarpe ortopediche»?

Sì che ci vado … devo scrivere un articolo sul concerto.

Beata te!

Non so, Francesco, sai, non vado lì per divertirmi, ma per lavorare.

*Va be', ma se fossi in te, sarei contento di poter **unire l'utile al dilettevole**.*

No, guarda, sono una principiante nel mio mestiere …per me è soprattutto stress …

Ma hai comunque la possibilità di entrare gratis.

144 Due talenti

Signor Pallino, Lei non è uno scrittore, ma un pianista … come mai la scelta di scrivere un romanzo?

*L'idea era di comunicare le mie esperienze come musicista ai miei allievi e siccome mi è sempre piaciuto scrivere ho scelto la forma letteraria … così ho potuto **unire l'utile al dilettevole**.*

E come si vede ci è anche riuscito.

Lo spero.

Direi che il successo del libro è la prova migliore … ma parliamo un attimo del romanzo: la storia si svolge in un teatro, i personaggi sono dei musicisti … mi interessa sapere se fa riferimento a persone reali…

unire l'utile al dilettevole
das Angenehme mit dem Nützlichen verbinden

I colleghi di Ilena

145 Questo sì, il biglietto è gratis.

E non ci sono per caso altri biglietti per gli amici della stampa … qualche biglietto omaggio per caso?

Mi hai **tolto la parola di bocca**, Francesco, stavo per parlati dei biglietti omaggio … si, ce ne sono, ma … mi viene un dubbio … sono sicuramente solo per i miei colleghi …

Ma dai, Ilé, i tuoi colleghi fanno parte di un'altra generazione … non gli piace quel tipo di musica.

Mmh, non so, potrei chiedere …

Dai, chiedi, fa' qualcosa per i tuoi amici!

Sai, non è così facile …

E perché? Se i tuoi colleghi non hanno voglia di andare al concerto, cosa fate con i loro biglietti, li buttate via?

I personaggi del romanzo

146 *Ho lavorato per molto tempo nei teatri ed evidentemente ho conosciuto un sacco di persone che lavora in quell' ambiente … soprattutto musicisti. Ma non faccio riferimento a persone concrete, sono piuttosto tipi …*

Quindi persone reali non si riconosceranno nel libro?

Dipende dall'interpretazione personale … faccio un esempio: se nel romanzo parlo di un tenore dagli occhi azzurri …

… tutti i tenori dagli occhi azzurri possono identificarsi …

Mi ha tolto la parola di bocca *… proprio così. I personaggi miei sono composti da diversi elementi …*

E può darsi che il lettore si riconosca in uno degli elementi …

togliere la parola di bocca a qualcuno
jemandem das Wort aus dem Munde nehmen

147 Biglietti gratis

No, certamente no ... ma sai, non so se devo dare i biglietti a persone che non siano giornalisti.

Dai, non lo controlla nessuno e sono convinto che anche i tuoi colleghi lo fanno.

È diverso perché loro se lo possono permettere, ma io lavoro per il giornale solo da poco tempo, non voglio **fare brutta figura**.

Capisco, ma potresti almeno chiedere.

Sì, Francesco, chiederò ... nel pomeriggio vado in redazione e m'informo.

Bene, telefonami appena sai qualcosa.

Sì, forse mi preoccupo troppo.

Vedi cosa puoi fare ...

148 Il trucco

Certo ... e sa cosa mi diverte?
Dica!

*Che con questa tecnica posso parlare male di alcune persone senza **fare brutta figura**. Ho sempre la scusa di poter dire: no, non parlo di te, ma di un altro.*

Ho capito ... è un bel trucco ... se mi permette di chiamarlo così ...

Ha perfettamente ragione, è un trucco!

Mi scusi, signor Pallino, ma purtroppo non abbiamo molto tempo ... vorrei parlare almeno un attimo della Sua carriera musicale: ormai sono più di vent'anni che suona, è vero?

Sì, ventidue anni per l'esattezza.

fare brutta/bella figura
einen schlechten/guten Eindruck machen
(eine schlechte/schöne Figur machen)

Nel pomeriggio

149 Allora, ho chiesto ai miei colleghi … due di loro non vanno al concerto e così posso darvi i loro biglietti.

Ottimo, due biglietti è già qualcosa … meglio di niente ad ogni modo. Così posso darne uno a Renata e l'altro a Simona. E tu Francesco?

Spero che i ragazzi all'ingresso mi fanno entrare così … conosco uno di loro.

Ma forse non c'è nemmeno bisogno … potresti prendere il biglietto di Simona.

E Simona, scusa?

Simona mi ha telefonato prima per dirmi che andrà **per conto suo**.

Quindi il biglietto ce l'ha?

Ancora no, ma il suo nuovo spasimante lavora per l'agenzia … ci pensa lui.

Gli artisti …

150 Ma ha sempre lavorato da solo. Come mai? Conosce tanti musicisti famosi e bravi!

*È una questione di carattere … io sono fatto così. Preferisco lavorare **per conto mio** anche perché non vorrei deludere nessuno.*

Perché deludere?

Sa, gli artisti sono sensibili da un lato e vanitosi dall'altro. È un cocktail molto esplosivo. Preferisco lavorare da solo, ma avere contemporaneamente buoni rapporti con i colleghi.

Ma lavorare insieme, fare musica insieme può essere qualcosa di molto positivo.

Senz'altro … non ho dubbi … ma sa, non mi fido molto dei musicisti … non mi fido neanche di me stesso …

per conto mio/tuo/suo …
auf eigene Faust; für sich allein
(auf meine/deine/seine … Rechnung)

151 Al telefono

Se fossi al posto di Simona non mi fiderei più di tanto.

Perché?

*Conosco il tipo di persone … se gli piace una ragazza promettono di tutto solo per portarsela a letto, ma in realtà sono **promesse da marinaio**.*

Dici? Simona mi ha detto che era un tipo affidabile.

Certo che dice così … perché le piace il tipo … è uno tutto muscoli.

Va be', ma è sempre Simona che deve decidere.

Senz'altro … volevo soltanto mettere a disposizione il mio biglietto.

Ne riparliamo stasera … io ad ogni modo posso darvi due biglietti.

Grazie, Ilé, sei un tesoro!

152 … ed i loro difetti

In che senso?

*Adesso Le confesso un segreto: noi musicisti abbiamo la tendenza di **fare promesse da marinaio** …*

Quindi, anche Lei fa promesse e non le mantiene?

Lo devo ammettere … è un mio, un nostro difetto …

Potrebbe spiegarlo meglio con un esempio?

Ci provo. Alcuni mesi fa ho sentito per caso una giovane pianista bravissima … ero così entusiasta che le avevo promesso mari e monti: ti farò conoscere la gente giusta, persone importanti del settore …

E poi?

Poi per mancanza di tempo non ho fatto niente … e mi vergogno … ma migliorerò.

fare promesse da marinaio
etwas versprechen und dann nicht halten
(Matrosenversprechen geben)

Renata è indecisa

153 Ciao, Renata … belle notizie!
Ciao, Francesco, dimmi!
Ilena ha due biglietti omaggio … uno lo posso dare a te e
l'altro è o per Simona o per me.
Dallo pure a Simona, tanto io sono ancora indecisa.
Come indecisa?
*Non so se ho veramente voglia di venire al concerto delle
«Scarpe ortopediche», sai, non è la musica per cui vado
matta.*
Ma dai, Renata! Sono fortissimi.
*Eh, Francesco, **i gusti sono gusti** … tanto meglio per voi,
così avete un biglietto in più.*
Questo è vero, ma comunque pensavo che anche tu avessi
un debole per le «Scarpe ortopediche».

I gusti sono gusti

154 Un'altra domanda, signor Pallino: Lei si è sempre
dedicato alla musica classica. Non ha nessun
interesse per altri tipi di musica?
*Io ascolto: anche le canzonette, ma più spesso il jazz, il
tango …*
Ma suona solo musica classica?
*Sa, **i gusti sono gusti.***
Però ci sono musicisti che fanno tutte e due le cose, Gidon
Kremer per esempio …
*È una sua scelta … ma a me non sono mai interessati i pro-
getti «crossover».*

I gusti sono gusti.
Die Geschmäcker sind verschieden.
(Die Geschmäcker sind Geschmäcker.)

!

Stanchezza

155

Non ho detto che non mi piacciono, ma non ne vado matta ... e poi, sai, sono stanca.

Come mai? Lavori troppo?

No, non è per il lavoro, ma sono uscita ieri fino a tardi, domani sera ho il mio corso d'inglese e non mi va di uscire anche sabato.

Dai, Renata, **non c'è due senza tre** ... cosa sono questi discorsi da vecchietta?

Perché so come andrà a finire ...

E cioè?

Il concerto comincia solo alle 22.00, non terminerà prima di mezzanotte e dopo andremo sicuramente da qualche parte ... così sarò a casa solo verso le due o le tre.

Ma che male c'è? Domenica puoi dormire ...

Le attività artistiche

156

Poi c'è un altro tema che mi interessa ...

Domandi pure.

Lei è un pianista, adesso è anche uno scrittore ... ha intenzione di dedicarsi ad altre attività artistiche ... alla pittura per esempio?

Sarebbe carino, ma non credo proprio ...

Perché no? **Non c'è due senza tre!**

No, no, mi creda ... non ho né il tempo né il talento ...

Non è mica detto ... forse deve solo scoprirlo, il talento ...

Per carità! Non esageriamo.

Non c'è due senza tre.
Aller guten Dinge sind drei.
(Es gibt keine Zwei ohne die Drei.)

Cambiare vita

157 *Francesco, ti prego, non insistere!*
Non insisto … ma non vorrei che perdessi una bella serata.
Sei carino, ma attualmente preferisco andare a letto presto.
Non ti riconosco, Renata, tu che di solito sei abituata a **fare le ore piccole**.
A volte bisogna cambiare vita.
Cambiare vita? Ma che hai? Sei malata?
Non proprio.
Non proprio? Come sarebbe a dire?
Ecco che arriva Simona …
Cosa vuol dire «non proprio»?
Fattelo spiegare da lei … devo scappare …

La vita privata

158 Prima di finire vorrei farLe ancora una domanda che riguarda la Sua vita privata …
Aiuto!
Non si preoccupi … mi interessa solo sapere se è contento della Sua scelta.
Fa riferimento al mio matrimonio?
Sì … ormai ha superato i cinquant'anni ed è la prima volta che si sposa … non vuol dire rinunciare a molto?
Rinuncio solo alla vita notturna … preferisco passare le serate ed anche le notti con mia moglie … non mi va più di fare le ore piccole.
La capisco … ha una moglie giovanissima e bellissima.

fare le ore piccole
es spät werden lassen
(die kleinen Stunden machen)

Novità

159 Simona, toglimi una curiosità … cosa è successo a Renata?

Renata? Perché?

Si sente stanca, non ha voglia di uscire e poi dice di «non essere proprio malata» … non ci capisco più niente …

Allora non sai niente?

Come non so niente? Ma cosa vuol dire?

*Renata è **in stato interessante**.*

No! Davvero?

Sì, terzo mese …

Allora è per questo che non vuole venire al concerto!

Tanto meglio per me … posso prendere il suo biglietto.

Pensavo che il tuo spasimante avesse un biglietto per te?

Acqua passata … mi ha mollata!

Una domanda indiscreta

160 E visto che stiamo parlando di Sua moglie … mi concede di farLe una domanda indiscreta?

Dipende.

Corre voce che Sua moglie **sia in stato interessante,** è vero o no?

È verissimo, e fra un po' sarà difficile nasconderlo … all'inizio era un nostro segreto, ma ormai …

Quindi, non mi rimane altro che farLe i migliori auguri per il bambino, per Sua moglie, per la carriera … tante, tante buone cose e grazie dell'intervista.

Grazie a Lei e arrivederci.

essere in stato interessante
in anderen Umständen sein
(in einem interessanten Zustand sein)

V O C A B O L I

141. Il concerto

le scarpe ortopediche
die orthopädischen Schuhe
il botteghino
der Schalter (Theater, Stadion)
sinceramente
ehrlich gesagt
la stampa
die Presse

142. Presentazione di P.P.

il personaggio
die Person
il disco
die Schallplatte
il compact
die CD
adorare
anbeten
il pianista
der Pianist
l'attività
die Beschäftigung, die Aktivität
il romanzo
der Roman
la libreria
die Buchhandlung
esaurito
ausverkauft
il musicista
der Musiker
lo scrittore
der Schriftsteller
Pinco Pallino
Herr Soundso

143. La giornalista Ilena

«Il Resto del Cretino»
Verballhornung einer bekannten
ital. Zeitung
la principiante
die Anfängerin
il mestiere
der Beruf, das Metier

144. Due talenti

l'allievo
der Schüler
la forma letteraria
die literarische Form
svolgersi
sich ereignen, stattfinden
fare riferimento a
Bezug nehmen auf

145. I colleghi di Ilena

il biglietto omaggio
die Freikarte
far parte di
gehören zu

146. I personaggi del romanzo

l'ambiente
Umfeld, Bereich
riconoscersi
sich wiedererkennen
l'interpretazione (f)
die Deutung, die Interpretation
identificarsi
sich identifizieren
composto da
zusammengesetzt aus
l'elemento
das Element
il lettore
der Leser

147. Biglietti gratis

controllare
kontrollieren, überprüfen
la redazione
die Redaktion
informarsi
sich informieren

148. Il trucco

il trucco
  der Trick
permettere
  erlauben
perfettamente
  völlig, perfekt

149. Nel pomeriggio

meglio di niente
  besser als nichts
l'ingresso
  der Eingang

150. Gli artisti ...

l'artista
  der/die Künstler/in
deludere
  enttäuschen
vanitoso
  eitel
esplosivo
  explosiv

151. Al telefono

più di tanto
  so sehr
promettere
  versprechen
portarsi a letto
  sich mit ins Bett nehmen
affidabile
  vertrauenerweckend
tutto muscoli
  ganz aus Muskeln
mettere a disposizione
  zur Verfügung stellen
riparlarne
  wieder darüber sprechen

152. ... ed i loro difetti

fare promesse
  versprechen
mantenere
  halten
vergognarsi
  sich schämen

153. Renata è indecisa

indeciso
  unentschlossen
belle notizie
  gute Neuigkeiten
andare matto per
  verrückt sein nach
tanto meglio
  umso besser
avere un debole per
  eine Schwäche haben für

154. I gusti sono gusti

dedicarsi a
  sich widmen
la canzonetta
  der Schlager

155. Stanchezza

la stanchezza
  die Müdigkeit, die Erschöpfung
da vecchietta
  wie eine alte Frau
terminare
  aufhören
da qualche parte
  irgendwo(hin)

156. Le attività artistiche

avere intenzione
  die Absicht haben
la pittura
  die Malerei

158. La vita privata

riguardare
betreffen, angehen
la vita notturna
das Nachtleben

159. Novità

togliere una curiosità a qualcuno
jemandem ein (kleines)
Geheimnis verraten
terzo
Dritter

160. Una domanda indiscreta

nascondere
verstecken
Tante buone cose!
Alles Gute!
l'intervista
das Interview

1. Qual è la risposta migliore?

1. Devo lavorare, sì. Ma è anche un bel divertimento.
    a Faccio le ore piccole.
    b Posso unire l'utile al dilettevole.
    c Sono in stato interessante.

2. Cinzia non è ingrassata, ma aspetta un bambino.
    a È in stato interessante.
    b Fa brutta figura.
    c Va per conto suo.

3. I biglietti si vendono molto bene.
    a Non c'è due senza tre.
    b Vanno a ruba.
    c Fanno promesse da marinaio.

4. Non mi piace la musica rock. Ascolto solo musica classica.
    a Faccio bella figura.
    b Unisco l'utile al dilettevole.
    c I gusti sono gusti.

5. Siamo tornati a casa solo alle tre di notte.
    a Abbiamo fatto le ore piccole.
    b Siamo andati per conto nostro.
    c Siamo in stato interessante.

6. Stavo per dire la stessa cosa.
    a Hai fatto promesse da marinaio.
    b Hai fatto brutta figura.
    c Mi hai tolto la parola di bocca.

2. Ditelo con un'espressione idiomatica

1. La mia collega *non mantiene mai le sue promesse.*

2. Questo romanzo *si vende benissimo.*

3. *Dovevo lavorare, sì, ma potevo anche divertirmi.*

4. Non vengo al concerto con voi. *Vado da sola.*

5. Hai letto il romanzo due volte e non ti è piaciuto? Dai, *leggilo una terza volta!*

6. *Abbiamo festeggiato fino alle quattro di notte.*

7. *A te piace la pizza, ma a me piace la pasta.*

8. *Hai detto la stessa cosa che stavo per dire io.*

9. Mia sorella *aspetta un bambino.*

10. *Non ho fatto una buona impressione.*

3. Combinate

1. Stavo per chiedere la stessa cosa, …
2. Che bello! Guadagni molti soldi e ti diverti anche, così …
3. Sai perché Angela è sempre stanca? E perché è golosa di dolci? È …
4. Non ho voglia di suonare con altri musicisti. Preferisco …
5. Non credere alle parole di Gianfranco! Lui …
6. È il primo giorno di lavoro. Voglio presentarmi in ottima forma, non vorrei …
7. Si sposa per la terza volta? – Eh, sì, …
8. Non mi piace la TV, mi piace solo il cinema, sai …
9. I biglietti per questo concerto …
10. Sono tornata a casa molto tardi, ho …

a. vanno a ruba.
b fatto le ore piccole.
c lavorare per conto mio.
d in stato interessante.
e puoi unire l'utile al dilettevole.
f fa sempre promesse da marinaio.
g mi hai tolto la parola di bocca.
h i gusti sono gusti.
i non c'è due senza tre.
j fare brutta figura.

Risposte: 1. …… **2.** …… **3.** …… **4.** …… **5.** …… **6.** ……

7. …… **8.** …… **9.** …… **10.** ……

4. Traducete

1. Gestern Nacht bin ich erst um 4 Uhr nach Hause gekommen. Ich hab's sehr spät werden lassen.

2. Wie? Du schreibst einen Artikel über das Konzert? Du Glückliche: Du kannst das Angenehme mit dem Nützlichen verbinden.

3. Susanna ist sehr attraktiv. – Meinst du das ernst? Mir gefällt sie nicht. – Nun, die Geschmäcker sind verschieden.

4. Anna trinkt keinen Alkohol mehr. – Und warum? – Weil sie in anderen Umständen ist.

5. Die Karten für das Pavarotti-Konzert gehen weg wie warme Semmeln.

6. Ich vertraue dir nicht mehr. Du machst immer Versprechungen und hältst sie doch nicht ein.

7. Der Kollege hat einen schlechten Eindruck hinterlassen.

8. Wir haben zweimal in diesem Restaurant gegessen. So eine Enttäuschung! Aber, nun gut, wir gehen ein drittes Mal hin: Aller guten Dinge sind drei!

9. Du hast mir das Wort aus dem Mund genommen, ja, Franco ist ein Weiberheld!

10. Ich arbeite lieber für mich allein.

1. Quale è la risposta migliore? 1. b – **2.** a – **3.** b – **4.** c – **5.** a – **6.** c

2. Ditelo con un'espressione idiomatica 1. Finalmente mio figlio ha sputato il rospo. **2.** Sono disperato! Non so (più) che pesci pigliare. **3.** Che bello! Possiamo prendere due piccioni con una fava. **4.** Ieri sera Giulio è stato il gallo nel pollaio. **5.** Sai che l'erba del vicino è sempre più verde. **6.** Non voglio uscire con Gianni. È un pesce lesso. **7.** Sara non va in ferie perché non ha soldi. È qui che casca l'asino! **8.** Luigi è un donnaiolo. Il lupo perde il pelo ma non il vizio. **9.** Sicuramente Robbi e Ciccio hanno mangiato tutta la torta. Io conosco i miei polli. **10.** Mia madre parla sempre male dei politici. Fa di ogni erba un fascio.

3. Combinate 1. d – **2.** b – **3.** e – **4.** g – **5.** j – **6.** i – **7.** h – **8.** f – **9.** a – **10.** c

4. Traducete 1. Maria non viene con noi al ristorante perché è ingrassata di tre chili. – Ah, è qui che casca l'asino! **2.** Carlo ha una nuova amante. – Ma ha già ottant'anni! Be', il lupo perde il pelo ma non il vizio. **3.** I ragazzi devono studiare per l'esame. Ma vanno certamente/sicuramente in discoteca. (Io) conosco i miei polli. **4.** Perché non andiamo al cinema alle 18.00? I biglietti costano meno e dopo troviamo/troveremo senza problemi posto al ristorante. Così possiamo prendere due piccioni con una fava. **5.** Mia moglie è disoccupata da due mesi. Ma solo ieri sera ha sputato il rospo. **6.** Ha una ragazza così carina, ma deve fare il filo alla ragazza del suo amico. – Be', l'erba del vicino è sempre più verde. **7.** Voglio invitare anche alcuni ragazzi/qualche ragazzo, altrimenti mio fratello è/sarà di nuovo il gallo nel pollaio. **8.** Ma, per favore/ti prego, non invitare il pesce lesso che abbiamo conosciuto a Genova. **9.** Gli uomini sono veramente (dei) porci! – Non fare di ogni erba un fascio! **10.** Sono completamente/totalmente giù (di morale). Non so più che pesci pigliare.

1. Qual è la risposta migliore? 1. c – 2. c – 3. a – 4. c – 5. a – 6. b

2. Ditelo con un'espressione idiomatica 1. Anche se tu mi racconti questa storia mille volte, non la bevo. **2.** Quando sono entrato ho visto i ragazzi bere il whisky, li ho beccati in castagna. **3.** Devi provare almeno la pasta. Anche se non hai molta fame vedrai, l'appetito vien(e) mangiando. **4.** Non so più cosa fare: Massimo e Giorgio sono pappa e ciccia. **5.** Come? Vogliono prendere la macchina senza domandarmela? Gli rompo/romperò le uova nel paniere! **6.** Se il ladro ha un briciolo di buon senso non commetterà un altro furto. **7.** Il mio amico non farebbe mai una cosa del genere. Lo conosco. Siamo della stessa pasta. **8.** La mamma mi ha spesso levato le castagne dal fuoco. **9.** Piovi/Capiti come il cacio sui maccheroni! **10.** Mi ha telefonato il mio amore. Vado in brodo di giuggiole!

3. Combinate 1. d – 2. f – 3. i – 4. j – 5. h – 6. a – 7. g – 8. b – 9. e – 10. c

4. Traducete 1. Ho raccontato alla mamma che mia sorella ha fatto i buchi nella moquette. Ma non la beve questa storia./ Ma questa storia non la beve. **2.** Mi hanno beccato in castagna quando ho rubato dei soldi a un collega. **3.** Quando le ha regalato i biglietti per il concerto di Rambozzotti (lei) è andata in brodo di giuggiole. **4.** Ma tu piovi come il cacio sui maccheroni! Ho fatto/preparato il tuo piatto preferito. **5.** Come si chiama questo (uomo) politico? Fini? – No, Dini! – Non me ne frega niente. Sono tutti della stessa pasta. **6.** Se avesse un briciolo di buon senso, smetterebbe di fumare. **7.** Serviti! Prendi! Lo sapevo: l'appetito vien(e) mangiando!

8. Voi ne combinate sempre di tutti i colori, ed io poi devo levarvi le castagne dal fuoco. **9.** Come? Max vuole partire senza prima pagare i suoi debiti? Ma, gli romperò/rompo io le uova nel paniere! **10.** Sei solo/sola oggi? Di solito/ Normalmente siete pappa e ciccia, tuo fratello e tu.

1. Qual è la risposta migliore? 1. b – 2. a – 3. b – 4. a – 5. c – 6. b

2. Ditelo con un'espressione idiomatica **1.** Nella prima fase d'innamoramento Sara toccava il cielo con un dito. **2.** Voglio mettere una pietra su questo tema. **3.** Parlando a vanvera si corre il rischio di saltare di palo in frasca. **4.** Lei accettava tutti i difetti di suo marito, ma quando lui l'ha tradita con la sua amica è stata la goccia che ha fatto traboccare il vaso. **5.** Mmh! Non parlare di cioccolatini … mi fai venire l'acquolina in bocca … **6.** Non mi aspettavo che il capo accettasse la mia proposta. Sono caduta dalle nuvole! **7.** Tu conosci le gemelle? Io non so mai chi è l'una e chi è l'altra … si assomigliano come due gocce d'acqua. **8.** Mio padre mi ha promesso mari e monti. **9.** Tra il dire ed il fare c'è di mezzo il mare. **10.** Buona fortuna! Tocchiamo ferro!

3. Combinate 1. c – 2. a – 3. d/j – 4. f – 5. g – 6. j/d – 7. h – 8. i – 9. e – 10. b

4. Traducete **1.** Sai che ore sono? Sono le due di notte! – Scusa, ma siamo saltati di palo in frasca. **2.** Nicola ed Andrea si assomigliano come due gocce d'acqua. **3.** La mia amica è tanto innamorata/innamoratissima! Tocca il cielo con un dito! **4.** Come? Hai fumato tutti i sigari cubani? È la goccia che fa traboccare il vaso! **5.** Sai come sono gli uomini: prima ti promettono mari e monti e poi ti tradiscono. **6.** Claudia Schiffer viene alla tua festa? Mi fai venire

172

l'acquolina in bocca. **7.** Ti prego, non parlare più della campagna pubblicitaria! Voglio finalmente mettere una pietra su questa cosa. **8.** Quando mia moglie mi ha detto che da due anni ha un amante sono caduto dalle nuvole. **9.** Devi assolutamente superare l'esame? – Tocchiamo ferro!
10. Carlo voleva fare la dieta/una dieta. Ma sai com'è: tra il dire ed il fare c'è di mezzo il mare.

4

1. Qual è la risposta migliore? 1. c – 2. c – 3. a – 4. c – 5. a – 6. c

2. Ditelo con un'espressione idiomatica **1.** Non posso comprare la casa nel centro storico. Costa un occhio della testa. **2.** Il mio ragazzo non sa gestire i soldi. Ha le mani bucate. **3.** Non ce la faccio a calmarmi. Ho i nervi a fior di pelle. **4.** Gianni, non perdere quest'occasione! Ti mangeresti il fegato se la perdessi! **5.** La moglie dell'insegnante non lavora. Vive alle spalle di suo marito. **6.** Perché devi sempre criticare? Cerchi sempre il pelo nell'uovo. **7.** I miei figli non muovono un dito. Vengono solo per mangiare e per dormire. **8.** È una donna da giù di testa! **9.** Potrei strapparmi i capelli perché ho mollato tutte le mie donne. **10.** Cambiamo discorso … questo tema mi fa troppo male. Ti prego, non mettere il dito nella piaga.

3. Combinate 1. e – 2. c – 3. d – 4. f – 5. a – 6. b – 7. i – 8. j – 9. h – 10. g

4. Traducete **1.** Non possiamo comprarci la barca a vela … costa un occhio della testa! **2.** La banca non mi dà più niente, il credito è consumato … lasciatemi in pace, vi prego, ho i nervi a fior di pelle. **3.** Mia madre è sempre al verde perché ha le mani bucate. **4.** Come? La cucina americana costa solo tremila euro? (Io) ho pagato il doppio … potrei strapparmi i capelli! **5.** Non ti capisco. Non sei mai contento/a. Devi sempre cercare il pelo nell'uovo! **6.** Vuoi sposare Fausto? Vedrai, vuole solo vivere alle tue spalle. **7.** Mariangela legge solo "Casa&Ambiente" dalla mattina alla sera, credimi, non muove un dito. **8.** Ho visto un vestito bellissimo … da giù di testa! **9.** Dovete di nuovo parlare della mia dieta? Non mettete sempre il dito nella piaga! **10.** Purtroppo non ho visto l'ultimo film con Franca Potente … potrei mangiarmi il fegato!

5

1. Qual è la risposta migliore? **1.** c – **2.** b – **3.** a – **4.** c – **5.** a – **6.** b

2. Ditelo con un'espressione idiomatica **1.** La festa è finita alle due. Alle due è arrivata la polizia perché abbiamo fatto un casino della Madonna. **2.** Durante l'inverno gli autobus passano ogni morte di papa. **3.** Ragazzi, non fate niente di male! La farina del diavolo va tutta in crusca. **4.** Quest'uomo politico venderebbe l'anima al diavolo solo per vincere le elezioni. **5.** Non conosci mio zio? Ma lui ha voce in capitolo nel nostro comune! **6.** Franco e Giulio sono come il diavolo e l'acqua santa. **7.** La mamma mi telefona tutti i giorni. Mi rompe l'anima. **8.** Puoi accendere una candela alla Madonna. **9.** Questo caffè ti sveglierà sicuramente. È roba da far resuscitare i morti. **10.** Mia zia conosce vita, morte e miracoli del nostro vicino.

3. Combinate **1.** f – **2.** a – **3.** c – **4.** i – **5.** h – **6.** d – **7.** e – **8.** b – **9.** j – **10.** g

4. Traducete **1.** Ho letto "Donna Pettegola". Adesso conosco vita, morte e miracoli di Berlusconi. **2.** Se io qui avessi voce in capitolo, non lo permetterei mai. **3.** Questi politici sono così corrotti! Ma un giorno la verità verrà a galla.

La farina del diavolo va tutta in crusca. **4.** Vuoi andare in campagna senza (la) macchina? Non sarà facile, perché i treni ci sono (passano) solo ogni morte di papa. **5.** Non prendiamo/ beviamo mai (il) caffè italiano. È una roba che fa resuscitare i morti. **6.** Domani tornano/torneranno i miei genitori e qui c'è sempre/ancora un casino della Madonna. **7.** Potete accendere una candela alla Madonna che siete arrivati a casa sani e salvi. **8.** Non ho voglia di telefonare alla mia amica/ragazza. Mi rompe l'anima. **9.** Mia zia venderebbe l'anima/la sua anima per una bottiglia di gin. **10.** Non puoi invitare tutti e due. Sono come il diavolo e l'acqua santa.

6

1. Qual è la risposta migliore? **1.** c – **2.** b – **3.** a – **4.** c – **5.** a – **6.** b

2. Ditelo con un'espressione idiomatica **1.** Non dormo più. Mio figlio mi dà del filo da torcere. **2.** Ma ti ho detto cosa devi fare! Ti ho spiegato tutto per filo e per segno. **3.** Cerca di metterti nei panni di tuo figlio/nei suoi panni. **4.** Questo è un lavoro che fa per te! Tu hai la stoffa della ceramista. **5.** La TV non è come il cinema. È un altro paio di maniche. **6.** Che bello! Sono tanto felice che non sto più nei (miei) panni. **7.** Cara Costanza, qui devi rimboccarti le maniche! **8.** Tu vuoi fare il fisico? Ma non capisci uno straccio di fisica! **9.** Non lamentarti, Cinzia, tu sei nata con la camicia! **10.** Nella vita le situazioni possono prendere una buona piega.

3. Combinate **1.** b – **2.** d – **3.** a – **4.** f – **5.** g – **6.** i – **7.** h – **8.** e – **9.** j – **10.** c

4. Traducete **1.** Tu hai veramente la stoffa per diventare un buon fisico. **2.** Mettiti nei miei panni! Non posso permettermi quest'appartamento/questa casa. **3.** Purtroppo non capisci uno straccio di cose tecniche. **4.** Abbiamo un sacco di problemi. Mi dà del filo da torcere. **5.** Mamma mia! Questo ragazzo è nato con la camicia. **6.** Ma ti ho spiegato per filo e per segno come funziona il computer! **7.** A volte le cose prendono una buona piega. **8.** Tu torni a casa a mezzanotte, Gina! Sì, lo so, i ragazzi festeggiano fino alle tre, ma è un altro paio di maniche. **9.** Mia madre ha un nuovo amante. Non sta più nei propri panni dalla felicità/gioia. **10.** A casa mia c'è un casino della Madonna. Oggi pomeriggio dobbiamo rimboccarci le maniche.

1. Qual è la risposta migliore? 1. b – 2. a – 3. b – 4. a – 5. c – 6. c

2. Ditelo con un'espressione idiomatica **1.** Francesca! Capiti proprio a pennello! **2.** Sono uscito con la fotomodella e dopo Rita mi ha messo sotto il torchio perché voleva sapere tutto. **3.** Sai che il padre di Claudia beve come una spugna? **4.** Fabio non sa più cosa dice ... gli manca una rotella. **5.** Non sappiamo più cosa fare. Abbiamo la corda al collo. **6.** Rita è proprio sfortunata: il suo vecchio ragazzo era un idiota, ma con quello nuovo è caduta dalla padella nella brace. **7.** Anna non lavora, non fa un tubo. **8.** Franco ha fatto la dieta. Adesso è magro come un chiodo. **9.** Non sopporto Gianfranco: quando lo vedo mi attacca un bottone. **10.** Non ho voglia di niente ... sono giù di corda.

3. Combinate 1. j – 2. b – 3. e – 4. g – 5. f – 6. i – 7. d – 8. h – 9. a – 10. c

4. Traducete **1.** Il nuovo medico mi ha messo sotto il torchio. Adesso devo smettere di fumare. **2.** Con il nuovo stabilimento siamo purtroppo caduti dalla padella nella brace. **3.** Devi bere meno alcol! Bevi come una spugna! **4.** Ieri ho incontrato Sergio. Mamma mia, mi ha attaccato un bottone! **5.** L'infermiera capita a pennello. **6.** Non gli do retta./A lui non do retta. Gli manca una rotella! **7.** Non posso pagare i (miei) debiti. Ho la corda al collo. **8.** Avete visto Riccardo? Dope due settimane di benessere è diventato magro come un chiodo. **9.** Non fai il footing, non vai in palestra, non fai un tubo! **10.** Mia moglie ha un altro. Sto male. Sono giù di corda.

1. Qual è la risposta migliore? 1. b – 2. a – 3. b – 4. c – 5. a – 6. c

2. Ditelo con un'espressione idiomatica **1.** La mia collega fa sempre promesse da marinaio. **2.** Questo romanzo va a ruba. **3.** Potevo unire l'utile al dilettevole. **4.** Non vengo al concerto con voi. Vado per conto mio. **5.** Hai letto il romanzo due volte e non ti è piaciuto? Non c'è due senza tre. **6.** Abbiamo fatto le ore piccole. **7.** I gusti sono gusti. **8.** Mi hai tolto la parola di bocca. **9.** Mia sorella è in stato interessante. **10.** Ho fatto brutta figura.

3. Combinate 1. g – 2. e – 3. d – 4. c – 5. f – 6. j – 7. i – 8. h – 9. a – 10. b

4. Traducete **1.** Ieri notte sono tornato/a solo alle quattro. Ho fatto le ore piccole. **2.** Come? Scrivi un articolo sul concerto? Beata te: puoi unire l'utile al dilettevole. **3.** Susanna è molto attraente – Dici sul serio? A me non piace./Non mi piace. – Be', i gusti sono gusti. **4.** Anna non beve più alcol. – E perché? – Perché è in stato interessante. **5.** I biglietti per il concerto di Pavarotti vanno a ruba. **6.** Non mi fido più di te. Tu fai sempre promesse da marinaio. **7.** Il collega ha fatto brutta figura. **8.** Abbiamo mangiato due volte in questo ristorante. Che delusione! Ma, va bene, ci andiamo una terza volta: non c'è due senza tre. **9.** Mi hai tolto la parola di bocca, sì, Franco è un donnaiolo! **10.** Preferisco lavorare per conto mio.

Redewendungen von A bis Z

In der folgenden Liste finden Sie in alphabetischer Reihenfolge etwa 900 bis 1000 idiomatische Wendungen, Sprichwörter, Ausrufe, Redensarten. Als Stichwort dient meist das erste Hauptwort der Redewendung, beispielsweise: «ago: cercare l'ago in un pagliaio». Gibt es kein Hauptwort oder ist das Verb zentraler Sinnträger der Wendung, wird sie unter dem Verb geführt, zum Beispiel: «dare: darsi per vinto». Gibt es auch kein Verb, wird das für die Bedeutung wichtigste Wort als Stichwort angegeben.

Feststehende Redensarten und Sprichwörter sind als ganzer Satz formuliert und großgeschrieben.

Die Ziffer am Ende einiger Einträge verweist auf die Nummer der Szene, in der die jeweilige Wendung vorkommt, und nicht etwa auf die Seitenzahl.

Die Liste erhebt keinen Anspruch auf Vollständigkeit, nicht zuletzt, weil das Italienische von vielen regionalen Varianten und Eigenheiten lebt. Wem die hier aufgeführten Redewendungen nicht ausreichen, kann sich mit folgenden Nachschlagewerken weiter informieren:

- Di Natale, Francesco/Zacchi, Nadia: In bocca al lupo! Die geläufigsten italienischen Redensarten. München 1997
- Capire l'antifona – Dizionario dei modi di dire, Bologna 1995
- Neumann, Manfred: Italienische Redewendungen und Sprichwörter, Leipzig 1986
- Renate Scalmana-Roos: Italienisch im Alltag, Wien 1988
- Herbert Frenzel, Hermann Willers: Langenscheidts 1000 idiomatische Redensarten Italienisch, Berlin/München 1974

A

abito
L'abito non fa il monaco. *Eine Kutte macht noch keinen Mönch.*

acca
non capire un'acca *nur Bahnhof verstehen*
non valere un'acca *keinen Pfifferling wert sein*

accidente
Accidenti! *Donnerwetter!; Mein lieber Mann!* **84**
Che ti venisse un accidente! *Der Teufel soll dich holen!*
correre come un accidente *wie ein geölter Blitz rennen*
non capire un accidente *absolut nichts verstehen*

acqua
Acqua in bocca! *Kein Wort davon!; Mund halten!*
Acqua passata (non macina più). *Schnee von gestern.*
43, 159
L'acqua cheta rovina i ponti. *Stille Wasser sind tief.*
navigare in cattive acque *in der Tinte sitzen*
non guadagnarsi neppur l'acqua per lavarsi le mani *nicht einmal das Allernotwendigste verdienen*
pestare l'acqua nel mortaio *sich vergeblich abmühen*
portare acqua al mare *Eulen nach Athen tragen*
Questo è acqua al suo mulino! *Das ist Wasser auf seine Mühlen.*
tirare l'acqua al proprio mulino *das Wasser auf die eigene Mühle bringen; den Vorteil auf die eigene Seite bringen*
un'acqua che Dio la manda *ein starker Regen*

acquolina
far venire l'acquolina in bocca *das Wasser im Munde zusammenlaufen lassen; den Mund wässrig machen* **53, 54**

affare
affare fatto! *abgemacht!* **39**

A

agio
sentirsi a proprio agio *sich wohl fühlen*

ago
cercare un ago in un pagliaio *die Stecknadel im Heuhaufen suchen*
essere l'ago della bilancia *das Zünglein an der Waage sein*

aiuto
l'aiuto di Pisa *Hilfe, die zu spät kommt*

albero
sembrare un albero di Natale *aufgedonnert sein*

alloro
riposare sugli allori *sich auf seinen Lorbeeren ausruhen*

altro
Altro che! *Von wegen!; Und ob!* **88**

amore
essere un amore *ein Schatz sein; ganz süß sein* **92**
L'amore fa passare il tempo e il tempo fa passare l'amore.
Die Liebe lässt die Zeit vergehen, die Zeit lässt die Liebe vergehen.
per amore o per forza *wohl oder übel*
Per l'amor del cielo! *Um Himmels willen!*

anima
anima gemella *Seelenverwandte/r*
buon'anima *selig (von Verstorbenen)*
dannarsi l'anima per qualcosa *seine Seele für etwas hingeben*
essere un'anima lunga *ein langes Elend sein*
rompere l'anima a qualcuno *jemandem auf den Geist gehen* **85, 86**
vendere l'anima al diavolo *seine Seele dem Teufel verkaufen* **97, 98**

A

animo
perdersi d'animo *den Mut sinken lassen*

anno
compiere gli anni *Geburtstag haben* **84**

antifona
capire l'antifona *den Wink verstehen*
ripetere la stessa antifona *immer dasselbe Lied singen*

appetito
L'appetito vien(e) mangiando. *Der Appetit kommt beim Essen.*
37, 38

appuntamento
fissare un appuntamento *eine Verabredung treffen* **17**

aprile
Aprile ogni goccia un barile. *Aprilregen ist Gold wert.*

aquila
L'aquila non piglia mosche. *Mit Kleinkram gibt man sich nicht ab.*

arabo
Per me è arabo. *Für mich sind das böhmische Dörfer.* **103**

argento
aver l'argento vivo adosso *quecksilbrig sein; nicht zu halten sein*

aria
avere l'aria di *aussehen wie; den Anschein haben von*
campar d'aria *von der Luft leben*
C'è aria di tempesta. *Es ist dicke Luft.*
darsi delle arie *sich wichtig tun; sich aufblasen*
mandare all'aria qualcosa *etwas zunichte machen/vereiteln*

arte
a regola d'arte *nach allen Regeln der Kunst*
Chi ha arte, ha parte. *Handwerk hat goldenen Boden.*
non avere né arte né parte *überhaupt nichts können*

asino
È qui che casca l'asino. *Da liegt der Hase im Pfeffer.* **1, 2**

A

essere carico come un asino/mulo *wie ein Esel/Maultier bepackt sein*

essere un pezzo d'asino *ein ausgemachter Esel sein*

fare l'asino con le donne *Frauen tölpelhaft und aufdringlich den Hof machen*

legare l'asino dove vuole il padrone *sein Fähnlein nach dem Wind hängen*

Meglio un asino vivo che un dottore morto. *Lieber dumm leben als gescheit sterben.*

asso
piantare qualcuno in asso *jemanden im Stich lassen* 51

atto
prendere atto di qc. *etw. zur Kenntnis nehmen*

avemmaria
sapere qualcosa come l'avemmaria *etwas im Schlaf können*

avere
avercela con qualcuno *mit jemandem Streit haben; es auf jemanden abgesehen haben*

avere a che vedere con qc./qn. *zu tun haben mit etw./jm.* 107

Bacco
Bacco, tabacco e Venere riducono l'uomo in cenere. *Wein, Weib und Gesang sind des Menschen Untergang.* 131

bada
tenere a bada qn. *jemanden hinhalten*

baffo
ridere sotto i baffi *sich eins ins Fäustchen lachen*

balia
essere in balìa di qualcuno *jemandem ausgeliefert sein*

ballo
Quando si è in ballo, bisogna ballare. *Wer A sagt, muss auch B sagen.*

bandiera
passare la bandiera *weitergeben (eine Aufgabe)*

baracca
mandare avanti la baracca *den Laden schmeißen; sich über Wasser halten* **71**
piantare baracca e burattini *alles stehen und liegen lassen*

barba
Che barba! *Wie langweilig!; Das ist ja uralt!*
far venire la barba a qualcuno *jemanden schrecklich langweilen*

bastone
governare con il bastone e la carota *mit Zuckerbrot und Peitsche herrschen*
mettere i bastoni fra le ruote *Knüppel zwischen die Beine werfen*

battuta
avere la battuta pronta *nicht auf den Mund gefallen sein*

befana
brutta come la befana *hässlich wie die Nacht (in Bezug auf Frauen)* **86**

bello
bell'e andato *aus und vorbei*
bell'e finito *fix und fertig*
Questa è bella! *Das ist ein starkes Stück!* **97, 126**
sul più bello *wenn es am schönsten ist; mittendrin; dazu kommt noch, dass ...*

bene
andare di bene in meglio *immer besser werden (meist ironisch)*
avere ogni bene di Dio *alles haben, was das Herz begehrt*
per bene *anständig*

B

portare bene *Glück bringen*
voler bene a qualcuno *jemanden lieb/gern haben*

benedire
andare (mandare qualcuno) a farsi benedire *zum Teufel gehen; jemanden zum Teufel schicken* **36**

bere
(non) bere la storia *eine Geschichte (nicht) glauben* **29, 30**
darla a bere a qualcuno *jemandem etwas weismachen*

Bergamo
essere di Bergamo *schwer von Kapee sein*

Berta
quando Berta filava *vor Urzeiten; anno dazumal*

betonica
essere conosciuto come la betonica *bekannt sein wie ein bunter Hund*

bicchiere
affogare in un bicchiere d'acqua *über eine Kleinigkeit stolpern*
essere come bere un bicchier d'acqua *kinderleicht sein*

bile
verde dalla bile *grün vor Ärger*

bizzeffe
a bizzeffe *in Hülle und Fülle*

bocca
cucirsi la bocca *ein Schloss vor dem Mund haben*
essere sulla bocca di tutti *in aller Leute Munde sein*
fare la bocca a qualcosa *sich an etwas gewöhnen*
promettere qualcosa a mezza bocca *etwas gezwungenermaßen versprechen*
restare a bocca aperta *vor Staunen den Mund nicht zukriegen*
restare a bocca asciutta *leer ausgehen*

B

rimanere a bocca chiusa *kein Sterbenswörtchen sagen*
tappare la bocca a qualcuno *jemandem den Mund stopfen*

boccata
prendere una boccata d'aria *frische Luft schnappen*

boccone
levarsi il boccone di bocca *sich den Bissen vom Munde absparen*
mangiare un boccone *einen Happen essen*

bolletta
essere in bolletta *abgebrannt sein*

botta
botta e risposta *Rede und Antwort (Wortgefecht)*

botte
Nella botte piccola sta il vino buono. *Klein, aber fein.*
voler la botte piena e la moglie ubriaca *etwas Unmögliches wollen*

bottone
attaccare un bottone *jemanden voll quatschen* **121, 122**

braccio
fare a braccio di ferro con qualcuno *sich mit jemandem in einer Kraftprobe messen*
portare in braccio *auf dem Arm tragen*

brace
essere sulla brace *auf glühenden Kohlen sitzen*
soffiare sulla brace *Öl aufs Feuer gießen*

bravo
fare il bravo *brav sein; keine Dummheiten machen* **20**

briciolo
non avere un briciolo di buon senso *keinen Funken gesunden Menschenverstand haben* **33, 34**

B

brodo
andare in brodo di giuggiole *vor Freude aus dem Häuschen geraten* **39, 40**
lasciar (cuocere) qualcuno nel proprio brodo *jemanden im eigenen Saft schmoren lassen*
Tutto fa brodo. *Kleinvieh macht auch Mist.*

broncio
fare il broncio *schmollen; eine Schnute ziehen* **79**

bugia
Le bugie hanno le gambe corte. *Lügen haben kurze Beine.*

buono
alla buona *auf einfache Art; schlicht*
colle buone e colle cattive *im Guten und im Bösen* **107**

C

cacchio
Ma che cacchio! *Was für ein Mist!* **137**
Col cacchio! *Von wegen! Denkste!*

cacio
capitare/piovere come il cacio sui maccheroni *wie gerufen kommen* **25, 26**

cafone
Non fare il cafone! *Benimm dich!; Sei nicht so stoffelig!*

calende
rimandare qualcosa alle calende greche *etwas auf den Sankt-Nimmerleins-Tag verschieben* **52**

callo
farci il callo *sich an etwas gewöhnen*

cambiare
tanto per cambiare *öfter mal was Neues (meist ironisch)* **121**

camicia
dare anche la camicia *auch das letzte Hemd geben*
essere nato con la camicia *ein Glückspilz sein* **101, 102**
ridursi in maniche di camicia *arm werden*
sudare sette camicie *sich im Schweiße seines Angesichts
abmühen*

campana
essere sordo come una campana *stocktaub sein*
essere stonato come una campana *völlig unmusikalisch sein*

candela
accendere una candela alla Madonna *dem lieben Gott dafür
danken, dass man gut davongekommen ist; von Glück sagen
können* **83, 84**

cane
Can che abbaia non morde. *Hunde, die bellen, beißen
nicht.*
Cane non mangia cane. *Eine Krähe hackt der anderen kein
Auge aus.*
invitare cani e porci *Hinz und Kunz einladen*
Non c'è un cane. *Kein Mensch ist da.*
solo come un cane *mutterseelenallein*
svegliare il can che dorme *schlafende Hunde wecken*
una vita da cani *ein Hundeleben*

cantare
cantarla a qualcuno *jemandem die Meinung sagen*
far cantare qualcuno *jemandem zum Reden bringen*

cantonata
prendere una cantonata *einen Schnitzer machen*

capello
averne fin sopra i capelli *die Faxen dick haben*
cose da far rizzare i capelli *haarsträubende Dinge*
spaccare un capello in quattro *Haarspalterei betreiben*
strapparsi i capelli *sich die Haare raufen* **79, 80**
tirare per i capelli *an den Haaren herbeiziehen*

C

capo
andare in capo al mondo *ans Ende der Welt fahren;*
weit reisen
buttarsi a capo fitto *sich kopfüber stürzen*
capitare tra capo e collo *unversehens eintreten*
far capo a *sich wenden an; seinen Mittelpunkt haben*
fare le cose col capo nel sacco *unbesonnen handeln*
non avere né capo né coda *weder Hand noch Fuß haben*
un capo di abbigliamento *ein Kleidungsstück*

cappello
attaccare il cappello al chiodo *sich festsetzen; häuslich*
niederlassen
Tanto di cappello! *Kompliment!; Hut ab!*

capra
salvare capra e cavoli *retten, was zu retten ist*

capro
il capro espiatorio *der Sündenbock*

carità
Per carità! *Um Himmels willen!* **136**

carne
essere di carne e ossa *aus Fleisch und Blut sein*
essere (bene) in carne *kräftig aussehen; gut im Futter sein*
in carne e ossa *höchstpersönlich*
non essere né carne né pesce *weder Fisch noch Fleisch sein*

carta
cambiare/voltare le carte in tavola *widerrufen; das Gegen-*
teil behaupten
mettere le carte in tavola *die Karten auf den Tisch legen* **70**

casa
Casa mia per quanto piccola tu sia, tu mi sembri una badia.
Eigener Herd ist Goldes wert.
mettere su casa *einen eigenen Hausstand gründen*
stare casa e bottega *Tür an Tür wohnen*

C

casalinga
alla casalinga *nach Hausfrauenart*
cucina casalinga *Hausmannskost*

cascamorto
fare il cascamorto *Süßholz raspeln*

casino
far casino *Durcheinander machen; laut sein*
un casino della Madonna *ein Heidenspektakel; ein Riesendurcheinander* **89, 90**

caso
caso mai *gegebenenfalls*
far caso a qualcosa *auf etwas achten*
mettere il caso *annehmen; voraussetzen*
non essere il caso *unangebracht/unpassend sein* **50**

castagna
beccare/prendere in castagna *auf frischer Tat ertappen* **21,
22**
levare le castagne dal fuoco per qualcuno *für jemanden die
Kastanien aus dem Feuer holen* **31, 32**

castello
fare castelli in aria *Luftschlösser bauen*

catinella
piovere a catinelle *in Strömen gießen*

cavallo
A cavallo donato non si guarda in bocca. *Einem geschenkten Gaul schaut man nicht ins Maul.*
a cavallo tra due secoli *zwischen zwei Jahrhunderten*
andare sul cavallo di San Francesco *auf Schusters Rappen
reiten*
avere una febbre da cavallo *sehr hohes Fieber haben*
essere il cavallo di battaglia *das Zugpferd sein; das Stärkste
sein, was man hat*

cavare
cavarsela *es schaffen; davonkommen*

C

caviglia
non arrivare alle caviglie di qualcuno *jemandem das Wasser nicht reichen können*

cavolata
essere una cavolata *Quatsch/Unsinn sein*

cavolo
Cavoli tuoi! *Dein Bier!; Deine Sache!* **76**
entrarci come i cavoli a merenda *wie die Faust aufs Auge passen*
fare qualcosa col cavolo *etwas absolut nicht tun*

cento
al cento per cento *hundertprozentig* **120**

c'entra
(non) c'entra *das hat damit (nichts) zu tun* **1, 11, 134**

certosino
un lavoro da certosino *eine Geduldsarbeit*
una pazienza da certosino *eine Engelsgeduld* **128**

cervello
dare di volta il cervello *spinnen; verrückt werden; überschnappen* **35**

chiacchiera
fare due/quattro chiacchiere *ein bisschen plaudern* **73**
solo chiacchiere *nur Geschwätz*

chiaro
con questi chiari di luna *in diesen schweren Zeiten (vor allem finanziell)*
chiaro e tondo *klipp und klar* **126**

chiodo
avere un chiodo fisso *eine fixe Idee haben*
Chiodo scaccia chiodo. *Ein Keil treibt den anderen aus.*
piantare chiodi *Schulden machen*
secco come un chiodo *spindeldürr* **137, 138**

C

ciambella
Non tutte le ciambelle riescono col buco. *Nicht alles, was man anfängt, gelingt.*

cielo
Apriti cielo! *Um Gottes willen!*
Cielo a pecorelle, acqua a catinelle! *Ist der Himmel voller Schäfchenwolken, wird's in Strömen gießen.*
non stare né in cielo né in terra *weder Hand noch Fuß haben*
toccare il cielo con un dito *überglücklich sein* **45, 46, 118**

cifra
cifre astronomiche *Unsummen* **48**
una bella cifra *ein schönes Sümmchen*

cima
da cima a fondo *von oben bis unten; von A bis Z*

coda
andarsene con la coda fra le gambe *mit eingekniffenem Schwanz abziehen*
avere la coda di paglia *ein schlechtes Gewissen haben*
guardare con la coda dell'occhio *aus den Augenwinkeln beobachten*
mettere la coda fra le gambe *den Schwanz einziehen*

colmo
per colmo di sventura *zu allem Unglück* **48**

colore
combinarne di tutti i colori *alles Mögliche anstellen; es bunt treiben* **28**
dipingere a vivi colori *in bunten Farben schildern*

colpo
a colpo d'occhio *grob geschätzt*
a colpo sicuro *ganz gewiss; mit Sicherheit*
dare un colpo al cerchio e uno alla botte *zwei Eisen im Feuer haben*
dare un colpo di telefono a qualcuno *jemanden anrufen*
far colpo *großen Eindruck machen*
un colpo di fulmine *Liebe auf den ersten Blick* **43**

C

comodo

far comodo *gelegen kommen; passen* **77, 122**

fare il proprio comodo *der eigenen Bequemlichkeit leben; den eigenen Vorteil suchen*

prendersela con comodo *sich kein Bein ausreißen; es sich einfach machen* **74**

Stia comodo! *Lassen Sie sich nicht stören!*

conto

un conto è… un conto è *es ist eine Sache, aber es ist eine andere Sache* **111**

fare gran conto di qualcosa/qualcuno *große Stücke auf etwas/jemanden halten*

fare i conti con qualcuno *mit jemandem ein Hühnchen rupfen*

fare i conti senza l'oste *die Rechnung ohne den Wirt machen*

il conto torna *die Rechnung geht auf*

per conto mio/tuo/suo … *auf eigene Faust; für sich allein* **149, 150**

rendersi conto *sich klar machen; verstehen* **35, 67**

corda

avere la corda al collo *nicht mehr ein noch aus wissen* **133, 134**

essere giù di corda *niedergeschlagen sein; durchhängen* **123, 124**

Non parlar di corda in casa di impiccato! *Sprich nicht vom Strick im Hause des Gehenkten!*

stare sulla corda *auf glühenden Kohlen sitzen*

tagliare (la) corda *das Weite suchen; abhauen*

tenere qualcuno sulla corda *jemanden auf die Folter spannen*

tirare troppo la corda *den Bogen überspannen*

trovarsi alle corde *in der Klemme sein*

corno

dire corna di qualcuno *kein gutes Haar an jemandem lassen*

Facciamo le corna! *Unberufen!*

mettere le corna a qualcuno *jemandem Hörner aufsetzen* **7**

Un corno! *Den Teufel werde ich tun!; Von wegen!* **69**

C

corrente

essere al corrente *auf dem Laufenden sein* **91**

cosa
da cosa nasce cosa *aus einer Sache ergibt sich eine andere*
cose fritte e rifritte *abgedroschenes Zeug*
cosa rara, cosa cara *Seltenes gefällt; willst du was gelten, mache dich selten.*
Tante buone cose! *Alles Gute!* **160**

coscienza
avere la coscienza pulita/sporca *ein gutes/schlechtes Gewissen haben*

cotta
Chi la vuol cotta, chi la vuol cruda. *Der eine will's gebraten, der andere gesotten; Recht zu machen jedermann ist eine Kunst, die niemand kann.*
essere innamorato cotto *unsterblich verliebt sein* **70**
combinarne (farne) di cotte e di crude *die unglaublichsten Dinge anstellen; nichts auslassen* **139**
prendere una cotta per qualcuno *sich in jemanden verknallen* **4**

cotto
essere cotto *fix und fertig sein; erledigt sein*

crepapancia/crepapelle
mangiare a crepapancia/crepapelle *essen, bis man beinahe platzt*
ridere a crepapancia/crepapelle *sich halb totlachen*

cronaca
a titolo di cronaca *am Rande, beiläufig*

culo
essere culo e camicia *Kopf und Arsch sein; unzertrennlich sein*
prendere qualcuno per il culo *jemanden verarschen* **87, 135**
Vaffanculo! *Leck mich!*

Cuneo
essere di Cuneo *schwer von Kapee sein*

cuore
aprire il cuore a qualcuno *jemandem sein Herz ausschütten*

C

avere il cuore sulle labbra *sein Herz auf der Zunge tragen*
col cuore in gola *mit hängender Zunge*
farsi cuore *sich ein Herz fassen*
mettersi il cuore in pace *sich beruhigen*
parlare con il cuore in mano *in aller Offenheit sprechen*
prendersi a cuore qualcosa *sich etwas zu Herzen nehmen*
spezzare il cuore a qualcuno *jemandem das Herz brechen*
stare a cuore a qualcuno *jemandem am Herzen liegen; an etwas gelegen sein*

curiosità
togliere una curiosità a qualcuno *jemandem ein kleines Geheimnis verraten* **159**

D

danno
Oltre il danno anche la beffa. *Wer den Schaden hat, braucht für den Spott nicht zu sorgen.*

dare
dare su *hinausgehen auf* (z. B. Fenster zum Hof)
darsi del tu/Lei *sich duzen/siezen*
darsi per vinto *sich geschlagen geben* **109**
può darsi *kann sein* **41, 131**

decisione
abbracciare una decisione *eine Entscheidung treffen*

dente
al dente *bissfest*
avere il dente avvelenato con qualcuno *eine Stinkwut auf jemanden haben*
non avere niente da mettere sotto i denti *nichts zu beißen haben*
parlare fra i denti *sich eins in den Bart murmeln*
promettere qualcosa a denti stretti *etwas gezwungenermaßen/ungern versprechen*
reggere l'anima coi denti *bei sehr schlechter Gesundheit*

sein; altersschwach sein
tirare coi denti *an den Haaren herbeiziehen*

diavolo
abitare a casa del diavolo *am Ende der Welt wohnen*
avere il diavolo addosso *den Teufel im Leib haben*
avere un diavolo per capello *schlechte Laune haben*
essere brutto come il diavolo *hässlich wie die Nacht sein*
essere come il diavolo e l'acqua santa *sich wie Hund und Katze vertragen* **91, 92**
fare il diavolo a quattro *einen Höllenlärm veranstalten*
Quando si parla del diavolo ne spuntano le corna. *Wenn man den Esel nennt, kommt er gerennt.*
Qui il diavolo ci ha messo la coda. *Hier hat der Teufel seine Hand im Spiel.*
sapere dove il diavolo tien nascosta la coda *wissen, wo Barthel den Most holt*
saperne una più del diavolo *schlauer als der Teufel sein*

dipendere
dipende *kommt drauf an*

dire
come non detto *ich will nichts gesagt haben*
Come sarebbe a dire? *Was soll das heißen?* **54, 86, 104, 157**
non vuol dire *das hat nichts zu sagen*
voler dire *bedeuten*

discorso
cambiare discorso *das Thema wechseln* **73, 121**
discorsi campati in aria *leeres Gerede*

disposizione
mettere a disposizione *zur Verfügung stellen* **151**

disturbo
togliere il disturbo *nicht länger stören wollen*

dito
contare qualcosa sulle dita *etwas an den Fingern abzählen*

D

incrociare le dita *den Daumen drücken* **117**
legarsela al dito *jemandem etwas nachtragen; ankreiden*
mettere il dito nella piaga *den Finger in die Wunde legen*
65, 66
mordersi le dita *etwas im Nachhinein bereuen; sich vor Wut
in die Finger beißen*
non alzare/muovere un dito *keinen Finger krumm machen*
75, 76

dose
una buona dose di ... *eine gehörige Portion ...* **55**

dunque
venire al dunque *auf den Kern einer Sache zu sprechen
kommen*

duro
tener duro *durchhalten*

epoca
all'epoca *früher; damals* **94**

erba
fare di ogni erba un fascio *alles über einen Kamm scheren*
15, 16
La mala erba non muore mai. *Unkraut vergeht nicht.*
L'erba cattiva non muore mai. *Unkraut vergeht nicht.*
L'erba del vicino è sempre più verde. *Kirschen aus Nachbars
Garten schmecken immer besser.* **7, 8**
non essere erba del proprio orto *nicht auf dem eigenen Mist
gewachsen sein*

essere
Ci siamo! *Es ist so weit!; Da haben wir's!*
sarà *es kann sein*

faccia
avere la faccia tosta *unverfroren sein*
l'altra faccia della medaglia *die Kehrseite der Medaille*

fagotto
far fagotto *sein Bündel schnüren; weggehen*

fame
avere una fame da lupo *einen Bärenhunger haben*
essere lungo come la fame *langwierig sein*

fare
Chi fa da sé, fa per tre. *Selbst ist der Mann.*
Chi me lo fa fare? *Wie komme ich dazu?; Wer zwingt mich dazu?* **112**
Chi non fa, non falla. *Wer schläft, sündigt nicht.*
darsi da fare *sich anstrengen; sich Mühe geben* **113**
Ecco fatto! *Das hätten wir! Das wär geschafft!*
Fai come ti pare! *Mach, was du willst!* **92**
farcela *es schaffen* **31, 137, 140**
fare sì che *erreichen, dass*
fare per qualcuno *für jemanden geeignet sein* **93, 104, 123, 139**
farsela addosso *sich bepinkeln; sich in die Hosen machen*
non averci a che fare *mit etwas/jemandem nichts zu tun haben*

farina
La farina del diavolo va tutta in crusca. *Unrecht Gut gedeiht nicht.* **99, 100**
non essere farina da far ostie *keine vertrauenerweckende Person sein*
non essere farina del suo sacco *nicht auf seinem Mist gewachsen sein*

fastidio
dare fastidio *stören; unangenehm sein*

fatica
far fatica *Mühe kosten, schwer fallen* **68**

fatto
andarsene per i fatti propri *sich um seine eigenen Angelegenheiten kümmern, allein losziehen*
cogliere sul fatto *auf frischer Tat ertappen*
dire il fatto suo a qualcuno *jemandem seine Meinung sagen*
fatto sta che ... *Tatsache ist, dass ...* **63**
sapere il fatto suo *seine Sache können*

fegato
avere del fegato *Mut haben*
farsi venire il mal di fegato *sich sehr ärgern*
mangiarsi il fegato *sich ärgern; wurmen* **71, 72**

ferro
Il ferro va battuto quando è caldo. *Das Eisen muss man
schmieden, solange es heiß ist.*
toccare ferro *auf Holz klopfen* **59, 60**

festa
far la festa a qualcuno *jemanden übel zurichten; töten*
fare le feste a qualcuno *jemanden mit offenen Armen
empfangen; jemanden freudig begrüßen*
Passata la festa gabbato lo santo. *Der Mohr hat seine Schuldigkeit getan.*

fiato
fiato sprecato *vergebliche Liebesmüh* **105**
sentirsi mancare il fiato *sprachlos sein; keine Worte
finden/außer Atem sein*
sprecare il fiato *seine Worte verschwenden*
tutto in un fiato *in einem Zug; auf einmal*

fico
non capire un fico secco *nichts kapieren*
non valere un fico secco *keinen Pfifferling wert sein*

figlio
figlio di buona donna *Hurensohn*
figlio di mignotta *Hurensohn*
figlio di papà *reiches Söhnchen; von Beruf Sohn* **76**
figlio di puttana *Hurensohn*

F

198

figo
che figo! *was für ein geiler Typ!*

figura
fare bella/brutta figura *einen guten/schlechten Eindruck machen* **147, 148**
figurati! *aber ich bitte dich! (wenn etwas selbstverständlich ist)*

fila
fare la fila *Schlange stehen* **141**
la fila indiana *der Gänsemarsch*

filare
fila! *Verschwinde! Hau ab!* **24**

filo
camminare sul filo del rasoio *auf Messers Schneide sein*
dare del filo da torcere a qc. *jemandem zu schaffen machen* **105, 106**
essere cucito a doppio filo *unzertrennlich sein*
fare il filo a qualcuno *jemandem den Hof machen* **8, 17**
parlare con un fil di voce *mit ganz leiser Stimme reden*
spiegare qualcosa per filo e per segno *etwas haarklein erklären* **115, 116**
tre fili fanno uno spago *Einigkeit macht stark*

fine
alla fin fine *im Grunde genommen*
andare a buon fine *einen guten Ausgang nehmen* **31**
fare una brutta fine *ein übles Ende nehmen; übel ausgehen* **96**
Il fine giustifica i mezzi. *Der Zweck heiligt die Mittel.*
In fin dei conti *letztendlich* **46**

finta
fare finta di *so tun als ob* **3**

fiocco
coi fiocchi *erstklassig; großartig*

fiore
il fior fiore *die Crème de la Crème*
un fior di ... *ein Bild von ...*

F

199

foglia
mangiare la foglia *dahinter steigen; den Wink verstehen*
Non muove foglia che Dio non voglia. *Nichts ist zufällig.*

forchetta
essere una buona forchetta *ein guter Esser sein*

formicaio
stuzzicare un formicaio *in ein Wespennest stechen*

fornello
mettersi ai fornelli *sich an den Herd stellen*

frate
Sto coi frati e zappo l'orto. *Mein Name ist Hase, ich weiß von nichts.*

fratello
Tre fratelli, tre castelli. *Viel Köpf', viel Sinn.*

freddo
non fare né freddo né caldo *einen kalt lassen*

fregare
fregarsene *sich um etwas nicht scheren; drauf pfeifen* **24, 88, 125, 132**
una fregatura *ein Reinfall; eine Verarschung*

fresco
star fresco *hereinfallen*

fretta
in fretta e furia *in Windeseile*

fumo
andare in fumo *ins Wasser fallen*
essere fumo negli occhi *ein Dorn im Auge sein*
Molto fumo e poco arrosto. *Viel Lärm um nichts.*
Non c'è fumo senza arrosto. *Wo Rauch ist, da ist auch Feuer.*
vendere fumo *blauen Dunst vormachen*

F

fuori
fare fuori *niedermachen; umlegen* **98**

G

gabbana
voltare gabbana *sein Fähnlein nach dem Wind hängen*

gaffe
fare una gaffe con qualcuno *bei jemandem ins Fettnäpfchen treten; sich danebenbenehmen*

galera
finire in galera *im Gefängnis landen* **100**

galla
stare a galla *immer obenauf schwimmen; sich über Wasser halten*

gallo
Due galli in un pollaio non possono stare. *Zwei Herren im Haus, muss einer hinaus.*
essere il gallo nel pollaio *der Hahn im Korb sein* **17, 18**

gamba
darsela a gambe *ausreißen; davonlaufen*
essere in gamba *fit/tüchtig/helle/talentiert sein* **16, 85**
In gamba! *Kopf hoch!; Halt die Ohren steif!*
mettersi la via fra le gambe *die Beine in die Hand nehmen*
raddrizzare le gambe al cane *Wasser den Berg hinauffließen lassen*
sgranchirsi le gambe *sich die Beine vertreten*

ganghero
uscire dai gangheri *aus der Haut fahren*

gatta
comprare la gatta nel sacco *die Katze im Sack kaufen*

F/G

far la gatta morta *sich dumm stellen*
Gatta ci cova! *Da steckt was dahinter!*
prendersi una gatta da pelare *sich eine schöne Arbeit aufhalsen*
Quando manca la gatta i topi ballano. *Wenn die Katze aus dem Haus ist, tanzen die Mäuse auf dem Tisch.*
Tanto va la gatta al lardo che ci lascia lo zampino. *Der Krug geht so lange zu Grunde, bis er bricht.*

gatto
essere in quattro gatti *wenige/eine Hand voll Leute sein*

getto
di primo getto *auf Anhieb*

ghiaccio
rompere il ghiaccio *das Eis brechen*

ghiro
dormire come un ghiro *schlafen wie ein Murmeltier* **87**

giallo
il giallo *der Krimi* **27**

gioco
avere gioco facile *leichtes Spiel haben* **8**
fare il doppio gioco *doppeltes Spiel treiben* **124**
Il gioco (non) vale la candela. *Es ist (nicht) der Mühe wert.* **113**

gioia
darsi alla pazza gioia *sich ins Vergnügen stürzen* **1**

giorno
tutto il santo giorno *den lieben langen Tag*

girare
gira e rigira *man kann es drehen und wenden, wie man will*

giro
essere su di giri *aufgedreht sein*

G

fare il giro dell'oca *einen Riesenumweg machen; sinnlose Wege machen*
fare un giro *eine kleine Runde drehen; ein paar Schritte gehen*
nel giro di poche ore *in wenigen Stunden; in kurzer Zeit*
prendere in giro qualcuno *jemanden auf den Arm nehmen* **21, 82, 136**

gobba
Gobba a ponente, luna crescente, gobba a levante, luna calante. *Ist die Wölbung des Monds im Westen, nimmt er zu, ist sie im Osten, nimmt er ab.*

goccia
A goccia a goccia si scava la pietra. *Steter Tropfen höhlt den Stein.*
assomigliarsi come due gocce d'acqua *einander gleichen wie ein Ei dem anderen* **41, 42**
essere una goccia nel mare *ein Tropfen auf den heißen Stein sein; für die Katz sein*
la goccia che fa traboccare il vaso *der Tropfen, der das Fass zum Überlaufen bringt* **47, 48**

gola
avere l'acqua alla gola *das Wasser bis zum Hals stehen haben*
far gola *Appetit machen; Lust bekommen auf*
Ne ammazza più la gola che la spada. *Vom Fressen sterben mehr Leute als vom Schwert.*

goloso
essere goloso di qualcosa *etwas besonders gern essen; vernascht sein* **53**

gomito
alzare il gomito *kräftig picheln; einen über den Durst trinken*
lavorare a olio di gomito *sehr viel körperlich arbeiten*

gramigna
essere come la gramigna *sich wie eine Klette anhängen*

G

grana
piantare grane *Schwierigkeiten bereiten*

grazia
Troppa grazia Sant'Antonio. *Zu viel des Guten.*

guaio
essere nei guai *in Schwierigkeiten sein*
guai! *wehe!*

guanto
calzare come un guanto *wie angegossen sitzen*

guastafeste
essere un guastafeste *ein Spielverderber sein*

gusto
I gusti sono gusti. *Die Geschmäcker sind verschieden.* **153, 154**

imbarazzo
avere l'imbarazzo della scelta *die Qual der Wahl haben* **80**
mettere in imbarazzo *in Verlegenheit bringen*

incavolato
essere incavolato (nero) *(stink)sauer sein* **22**

indiano
fare l'indiano *sich dumm stellen*
in fila indiana *im Gänsemarsch*

infischiarsi
infischiarsi di una cosa *auf etwas pfeifen*

innamorato
essere innamorato cotto *unsterblich verliebt sein* **70**

italiano
parlare italiano *Klartext reden*

laccio
cadere nel laccio *in die Falle gehen*

lampo
in un lampo *blitzschnell*
un lampo di genio *ein Geistesblitz*

lana
essere una buona lana *es faustdick hinter den Ohren
haben*

lardo
nuotare nel lardo *im Überfluss schwimmen*

lasciare
lasciare a desiderare *zu wünschen übrig lassen*
lasciar perdere *sein lassen; aufgeben* **50**
lasciar stare *es (gut) sein lassen* **72**

latino
capire il latino *eine Absicht verstehen; merken*

latte
avere ancora il latte alla bocca *noch nicht trocken sein hinter
den Ohren*
È inutile piangere sul latte versato. *Was geschehen ist, ist
geschehen.*

legge
Fatta la legge, trovato l'inganno. *Kaum ist das Gesetz
gemacht, weiß man auch schon, wie man es umgehen kann.*

letto
un letto a castello *ein Stockbett*

lezione
dare una lezione a qualcuno *jemandem eine Lektion erteilen*
18

linea
a grandi linee *in groben Zügen*
in linea di massima *grundsätzlich*

lingua
La lingua batte dove il dente duole. *Wem das Herz voll ist, dem geht der Mund über.*

liscio
filare liscio *reibungslos verlaufen*

lucciola
la lucciola *die Prostituierte*
prendere lucciole per lanterne *sich etwas vormachen*

lumicino
essere ridotto a un lumicino *in den letzten Zügen liegen; am Ende sein*

luna
far vedere la luna nel pozzo a qualcuno *jemandem ein X für ein U vormachen*

lungo
andare per le lunghe *sich hinziehen* **49**
essere lungo come la fame *langwierig sein*
saperla lunga *ein Lied singen können von etwas; genau Bescheid wissen*

lupo
Chi ha il lupo in bocca lo ha sulla coppa. *Wenn man den Esel nennt, kommt er gerennt.*
Il lupo perde il pelo ma non il vizio. *Die Katze lässt das Mausen nicht.* **19, 20**
In bocca al lupo! *Viel Glück!; Toi, toi, toi!*
La morte del lupo è la salute delle pecore. *Des einen Leid ist des andern Freud.*

L

male
andare di male in peggio *immer schlimmer werden*
Male comune, mezzo gaudio. *Geteiltes Leid ist halbes Leid.*
meno male *umso besser; zum Glück* **74**
Non tutti i mali vengono per nuocere. *Nicht alles, was
schlecht ist, schadet.* **60, 131**
scegliere il minor male *das kleinere Übel wählen*

malerba
La malerba cresce in fretta. *Unkraut verbreitet sich schnell.*

mancare
Ci mancherebbe altro! *Das hätte gerade noch gefehlt!*

mangiare
mangiare in bianco *Diät essen*

manica
avere qualcuno nella manica *jemandem mit Wohlwollen
begegnen*
essere di manica larga *großzügig sein*
essere un altro paio di maniche *auf einem anderen Blatt
stehen* **111, 112**
rimboccarsi le maniche *die Ärmel aufkrempeln; ans Werk
gehen* **113, 114**

mano
a mano a mano *nach und nach*
andare contro mano *auf der falschen (Fahrbahn)seite fahren*
a portata di mano *in Reichweite; griffbereit*
avere le mani bucate *Geld verschleudern; verschwenderisch
sein* **67, 68**
avere le mani di pasta frolla *ständig alles fallen lassen*
avere le mani in pasta *seine Hände im Spiel haben*
avere le mani lunghe *lange Finger machen*
dare una mano *helfen*
essere alla mano *umgänglich sein*

essere fuori mano *außer Reichweite sein*
lavarsi le mani di qualcosa *seine Hände in Unschuld waschen*
mettere la mano sul fuoco per qualcuno *für jemanden die Hand ins Feuer legen*
mettere le mani avanti *einem Einwand zuvorkommen*
venire alle mani *zu Tätlichkeiten übergehen*

marcia
fare marcia indietro *einen Rückzieher machen* **46**

marciapiede
battere il marciapiede *auf den Strich gehen*

mare
essere in alto mare *am Schwimmen sein*
essere un mare senza fondo *ein Fass ohne Boden sein*
promettere mari e monti *goldene Berge versprechen* **43, 44, 152**
Tra il dire ed il fare c'è di mezzo il mare. *Sagen und Tun sind zweierlei.* **55, 56**

marinaio
fare promesse da marinaio *etwas versprechen, was man nicht hält* **151, 152**

marinare
marinare *schwänzen*

marzo
Marzo è un mese pazzo. *Der April (eigentlich: März) macht, was er will.*
Marzo pazzerello: vedi il sole e prendi l'ombrello. *Der April (eigentlich: März) macht, was er will.*

mattino
Il mattino ha l'oro in bocca. *Morgenstund hat Gold im Mund.*

matto
andare matto per *verrückt sein auf* **153, 155**

meno
(non) poter fare a meno di qualcosa/qualcuno *auf etwas/jemanden (nicht) verzichten können (nicht umhinkönnen)* **19**
in men che non si dica *im Handumdrehen*

M

mente
Che cosa ti salta in mente? *Was fällt dir ein?*
far mente locale *sich auf etwas konzentrieren*
venire in mente *in den Sinn kommen, einfallen* **51, 94**

mercato
a buon mercato *preisgünstig*

merda
stare di merda *beschissen dran sein* **47, 68**

mettere
mettercela tutta *alles dransetzen, alle Anstrengungen
unternehmen* **6**

minestra
essere tutt'altra minestra *etwas völlig anderes sein*
O mangi la minestra, o salti la finestra! *Vogel, friss oder stirb!*
trovare la minestra bell'e pronta *sich ins gemachte Nest setzen*

modo
ad (in) ogni modo *auf jeden Fall*
non c'è modo *auf gar keinen Fall!; das geht nicht an!*
per modo di dire *sozusagen*

moglie
Moglie e buoi dei paesi tuoi. *Frau und Ochs nehme man aus
dem eigenen Dorf.*
Tra moglie e marito non mettere il dito! *Misch dich nicht in
die Angelegenheiten von Eheleuten!*

mollare
mollare *aufgeben; hinschmeißen; verlassen (Partner)* **50, 80,
94, 111, 159**

mondo
andare all'altro mondo *sterben*
da che mondo è mondo *seit Menschengedenken* **99**
divertirsi un mondo *sich prächtig amüsieren* **81**
tutto il mondo è paese *es wird überall mit Wasser gekocht*

M

moneta
battere moneta falsa per qualcuno *für jemanden durchs Feuer gehen*

monte
andare a monte *scheitern; ins Wasser fallen*

morale
essere giù di morale *niedergeschlagen sein; schlecht drauf sein* **10**
il morale della favola *die Moral von der Geschichte*
Su col morale! *Kopf hoch!; Wird schon wieder!* **31**

morte
ogni morte di papa *alle Jubeljahre; ganz selten* **81, 82**
annoiarsi a morte *sich tödlich langweilen* **76**

morto
essere un morto di fame *ein Hungerleider sein*
roba che fa resuscitare i morti *ein Zeug, das Tote weckt* **87, 88**

mosca
essere raro come le mosche bianche *selten wie weiße Raben sein*
giocare a mosca cieca *Blindekuh spielen*
le mosche *Kaffeebohnen (im Anisschnaps Sambuca)*
rimanere con un pugno di mosche *leer ausgehen*

naia
essere sotto naia *beim Bund/Barras sein*
fare la naia *beim Bund/Barras sein*

nanna
andare a nanna *in die Heia gehen*
fare la nanna *Heia machen*

naso
arricciare il naso *die Nase rümpfen*
ficcare il naso nelle faccende altrui *die Nase in anderer Leute Angelegenheiten stecken*

nero
nero su bianco *schwarz auf weiß*
vederla nera *schwarz sehen*

nervo
avere i nervi a fior di pelle *ein Nervenbündel sein; gereizt sein* **69, 70**
dare ai nervi a qualcuno *jemandem auf die Nerven gehen* **92, 100**

nocciolo
arrivare al nocciolo *auf das Eigentliche kommen*
essere due anime in un nocciolo *ein Herz und eine Seele sein*

nodo
cercare il nodo nel giunco *Schwierigkeiten da suchen, wo keine sind*
Tutti i nodi vengono al pettine. *Die Sonne bringt es an den Tag.*

noia
dare noia a qualcuno *jemanden stören; belästigen*

notte
La notte porta consiglio. *Guter Rat kommt über Nacht; eine Nacht darüber schlafen*
passare una notte in bianco *eine schlaflose Nacht verbringen* **58**

numero
dare i numeri *durchdrehen; verrückt werden* **114**

nuvola
avere la testa fra le nuvole *den Kopf in den Wolken haben; verträumt sein* **2**
cadere dalle nuvole *aus allen Wolken fallen* **57, 58**

N

o

occhio

a occhio e croce *über den Daumen gepeilt*
a occhio nudo *mit bloßem Auge*
a perdita d'occhio *so weit das Auge reicht*
a quattr'occhi *unter vier Augen* **32**
avere gli occhi da basilisco *streng, böse blicken*
avere gli occhi da pesce lesso *ausdruckslose Augen haben; scheel dreinblicken*
avere un occhio alla gatta e uno alla padella *gleichzeitig auf zwei verschiedene Dinge achten*
cavare gli occhi a qualcuno *jemandem die Augen auskratzen*
chiudere un occhio *ein Auge zudrücken*
costare un occhio della testa *ein Vermögen kosten* **63, 64**
dare nell'occhio *auffallen*
essere tutt'occhi *völlig in Betrachtung versunken sein*
fare l'occhio di triglia a qualcuno *jemandem verliebte Augen machen*
fare gli occhi dolci a qn. *jm. verliebte Augen machen*
in un batter d'occhio *im Handumdrehen*
Lontano dagli occhi, lontano dal cuore. *Aus den Augen, aus dem Sinn.*
strizzare l'occhio a qualcuno *jemandem zuzwinkern* **19**

oggi

oggi come oggi *heutzutage* **138**

olio

filare liscio come l'olio *glatt gehen*
gettare olio sul fuoco *Öl ins Feuer gießen*
gettare olio sulle onde *die Wogen glätten*

onda

andare in onda *gesendet werden (Radio, Fernsehen)*

ora

avere le ore contate *nur noch wenig Zeit haben; es nicht mehr lange machen* **29**

fare le ore piccole *bis spät in die Nacht aufbleiben* **157, 158**
non veder l'ora *es nicht abwarten können* **82, 119**

orecchio
essere sordo da quell'orecchio *auf dem Ohr taub sein*
essere tutt'orecchi *ganz Ohr sein*
fare orecchio da mercante *sich taub, dumm stellen*
venire all'orecchio di qualcuno *jemandem zu Ohren kommen*
prestare orecchio a qualcuno *jemandem Gehör schenken*
rizzare gli orecchi *die Ohren spitzen*
sentirsi fischiare gli orecchi *es in den Ohren klingeln hören*

oro
Non è tutto oro quello che luccica. *Es ist nicht alles Gold, was glänzt.*
prendere per oro colato *für bare Münze nehmen*

ospite
L'ospite e il pesce dopo tre giorni puzzano. *Besuch und Fisch stinken nach drei Tagen.*

osso
sputare l'osso *mit der Sprache rausrücken*

pace
darsi pace *sich beruhigen*

padella
cadere dalla padella nella brace *vom Regen in die Traufe kommen* **125, 126**

paese
il bel paese *Italien*
il paese della cuccagna *das Schlaraffenland*
mandare qualcuno a quel paese *jemanden zum Teufel schicken*
Paese che vai, usanze che trovi. *Andere Länder, andere Sitten.*

paglia
buttare paglia sul fuoco *Öl ins Feuer gießen*

palla
cogliere la palla al balzo/volo *die Gelegenheit beim Schopf packen*

pallone
andare in pallone *ins Schwimmen geraten; aus der Kurve getragen werden*

palmento
mangiare a quattro palmenti *wie ein Scheunendrescher futtern*

palo
fare il palo *Schmiere stehen*
saltare di palo in frasca *vom Hölzchen aufs Stöckchen kommen; vom Hundertsten ins Tausendste* **51, 52**

pancia
grattare la pancia alla cicala *jemandem um den Bart gehen*
grattarsi la pancia *auf der faulen Haut liegen*
mettere su pancia *einen Bauch ansetzen*
serbare la pancia ai fichi *sich vor etwas drücken*
stare con la pancia all'aria *auf der faulen Haut liegen*
tenersi la pancia dalle risate *sich vor Lachen den Bauch halten*

pane
dire pane al pane e vino al vino *die Dinge beim richtigen Namen nennen*
essere buono come il pane *herzensgut sein*
essere come pane e cacio *dicke Freunde sein*
mangiare il pane a tradimento *auf anderer Leute Kosten leben*
rendere pane per focaccia *Gleiches mit Gleichem vergelten*

panno
mettersi nei panni di qualcuno *sich in jemandes Lage versetzen* **107, 108**
non stare più nei propri panni *vor Freude aus dem Häuschen sein* **119, 120**

P

214

pantalone
portare i pantaloni *die Hosen anhaben*

pappa
essere pappa e ciccia *dicke Freunde sein* **23, 24**
essere una pappa molle *ein Waschlappen sein*
trovare la pappa scodellata *sich ins gemachte Nest setzen*

parere
Ma ti pare? *Wo denkst du hin?; Keineswegs!* **108**
Non ti pare? *Denkst du nicht?* **11**

parola
dire due parole a qualcuno *kurz mit jemandem sprechen*
dire quattro parole *eine kurze Ansprache halten*
le ultime parole famose! *unberufen!*
mangiarsi le parole *beim Sprechen die Wörter verschlucken*
non avere parole *sprachlos sein* **37**
non dire mezza parola *kein Sterbenswörtchen sagen* **26**
pagare qualcuno di belle parole *jemanden mit schönen Worten abspeisen*
passarsi la parola *sich gegenseitig warnen/benachrichtigen/etwas weitersagen*
spendere una parola per qualcuno *für jemanden ein gutes Wort einlegen*
togliere la parola di bocca a qualcuno *jemandem das Wort aus dem Mund nehmen* **145, 146**
venire a parole con qualcuno *sich mit jemandem streiten*

pari
essere pari e patta *quitt sein*

parte
da qualche parte *irgendwo; irgendwohin* **155**

Pasqua
essere felice come una Pasqua *überglücklich sein* **59**

passo
abitare a due passi *ganz in der Nähe wohnen*
fare due/quattro passi *sich die Beine vertreten*

P

fare il passo più lungo della gamba *über seine Verhältnisse leben*

pasta
essere della stessa pasta *aus dem gleichen Holz geschnitzt sein* **27, 28, 97**
essere di pasta frolla *ein Waschlappen sein*

pasticcio
È un bel pasticcio! *Das ist ja eine schöne Bescherung!*
trovarsi nei pasticci *in Schwierigkeiten stecken; in der Klemme sein* **25**

patrimonio
costare (spendere) un patrimonio *ein Heidengeld kosten (ausgeben)* **64**

pazienza
abbi(a) pazienza! *Immer mit der Ruhe!; Sehen Sie mir (Sieh mir) das nach!* **11, 77**

pazzo
essere pazzo da legare *völlig übergeschnappt sein*

pecora
dare le pecore in guardia al lupo *den Bock zum Gärtner machen*
la pecora nera *das schwarze Schaf* **105**

pelle
amici per la pelle *unzertrennliche Freunde*
essere tutto pelle e ossa *nur noch Haut und Knochen sein*
da far venire la pelle d'oca *zum Gänsehautbekommen*
non stare più nella pelle *es nicht mehr aushalten können*

pelo
avere il pelo sullo stomaco *über Leichen gehen*
(non) avere peli sulla lingua *kein Blatt vor den Mund nehmen*
cercare il pelo nell'uovo *das Haar in der Suppe suchen* **77, 78**
non torcere un capello a nessuno *niemandem ein Haar krümmen*
per un pelo *um ein Haar*

P

216

pena
a mala pena *mit knapper Not; gerade so*
far pena *Leid tun* **132**
valerne la pena *der Mühe wert sein; sich lohnen*

penna
farsi bello con le penne del pavone *sich mit fremden Federn
schmücken*

pennello
andare (stare) a pennello *wie angegossen sitzen*
capitare a pennello *gerade recht kommen (auch ironisch)*
135, 136

pennichella
fare la pennichella *ein Nickerchen machen*

pensare
pensarci *sich um etwas kümmern; dran denken* **133**

pentola
qualcosa bolle in pentola *da ist was im Busch/faul*

peperone
rosso come un peperone *rot wie eine Tomate*

perla
dare le perle ai porci *Perlen vor die Säue werfen*

però
Però! *Mein lieber Mann!* **57**

perpetua
la perpetua *die Haushälterin des Priesters; alte, schwatzhafte
Frau*

pesce
Chi dorme non piglia pesci. *Es fällt einem nichts in den Schoß.*
essere sano come un pesce *kerngesund sein*
essere un pesce lesso *ein öder/nichts sagender Typ sein* **13, 14**
fare un pesce d'aprile a qualcuno *jemanden in den April
schicken*

P

Il pesce puzza dalla testa. *Der Fisch stinkt vom Kopf her.*
non sapere che pesci prendere/pigliare *nicht wissen, was man tun soll; mit seinem Latein am Ende sein* **9, 10**

peste
dire peste e corna di qualcuno *über jemanden herziehen* **77**
essere una peste *ein Quälgeist sein (Kinder)*

pezzo
andare a pezzi *in Stücke gehen*
essere a pezzi *kaputt sein; fertig sein* **56**
un pezzo grosso *ein hohes Tier* **95**

piano
Chi va piano, va sano e lontano. *Eile mit Weile.*

piazza
fare piazza pulita *reinen Tisch machen*

piccione
prendere due piccioni con una fava *zwei Fliegen mit einer Klappe schlagen* **11, 12**

piccolo
nel mio piccolo *im Rahmen meiner bescheidenen Möglichkeiten*

piede
avere un piede nella fossa *mit einem Bein im Grab stehen*
fare qualcosa coi piedi *etwas (eine Arbeit) schlecht machen*
fare qualcosa su due piedi *etwas stehenden Fußes tun*
ragionare con i piedi *großen Unsinn zusammenreden*
stare in piedi *Hand und Fuß haben; stehen*
tenere il piede in due staffe *doppeltes Spiel treiben*
togliersi dai piedi *verschwinden; abhauen*

piega
prendere una buona piega *sich zum Guten wenden* **117, 118**
senza fare una piega *ohne mit der Wimper zu zucken*

pietra
mettere una pietra su qualcosa *einen Strich unter etwas ziehen* **49, 50**

P

218

piffero
fare come i pifferi in montagna *wer andern eine Grube gräbt, fällt selbst hinein*

pillola
indorare la pillola *die bittere Pille versüßen*
ingoiare la pillola *in den sauren Apfel beißen* **92**

Pinco Pallino
Pinco Pallino *Herr Soundso* **141**

piovere
piove che Dio la manda *es regnet stark*

pipì
fare la pipì *Pipi machen*
Mi scappa la pipì. *Ich muss dringend pinkeln.*

pisolino
fare un pisolino *ein Nickerchen machen*

polentone
il polentone *der Norditaliener (abfällig)*

pollo
conoscere i propri polli *seine Pappenheimer kennen* **5, 6**

poltrone
essere un poltrone *ein Faulpelz sein*

ponte
fare il ponte *ein verlängertes Wochenende machen*
fare i ponti d'oro a qualcuno *jemandem goldene Brücken bauen*
tagliare i ponti con qualcuno *die Beziehungen zu jemandem abbrechen* **53**

porta
sfondare porte aperte *offene Türen einrennen*

P

porto
andare in porto *gut ausgehen; klappen* **120**
essere un porto di mare *ein Taubenschlag sein*

portoghese
fare il portoghese *nassauern; sich ums Bezahlen drücken*

potere
a più non posso *was das Zeug hält*
non poterne più *etwas nicht mehr aushalten können* **132**

pozzo
essere come il pozzo di San Patrizio *unerschöpflich sein*
essere un pozzo di scienza *ein Ausbund der Gelehrsamkeit sein*
essere un pozzo senza fondo *ein Fass ohne Boden sein*

pratico
essere pratico di *sich auskennen mit*

predicare
Predicare bene e razzolare male. *Wasser predigen und Wein trinken.*

prendere
Che ti prende? *Was ist in dich gefahren?* **24, 121**
prendersela *sich etwas zu Herzen nehmen; etwas übel nehmen*

presenza
avere presenza di spirito *geistesgegenwärtig sein*
di bella presenza *gut aussehend; stattlich*

prete
non prendere un prete sulla neve *nichts treffen; immer daneben liegen*
uno scherzo da prete *ein schlechter Witz*

P

prezzemolo
essere come il prezzemolo *überall dabei sein*

prima
prima o poi *früher oder später* **104, 127**

principe
il principe azzurro *der Märchenprinz* **43**

promessa
fare promesse da marinaio *etwas versprechen und dann doch nicht halten* **151, 152**

pugno
fare a pugni *sich prügeln; sich beißen (bei Farben)*

pulce
mettere una pulce nell'orecchio a qualcuno *jemandem einen Floh ins Ohr setzen*

Pulcinella
un segreto di Pulcinella *ein offenes Geheimnis*

pulcino
essere bagnato come un pulcino *pudelnass sein*

punta
avere qualcosa sulla punta della lingua *etwas auf der Zunge liegen haben*
sapere qualcosa sulla punta delle dita *etwas aus dem Effeff können*

punto
arrivare a buon punto *weit kommen (bei einer Arbeit)*
di punto in bianco *Knall auf Fall* **50, 118**
essere sul punto di *im Begriff sein*
fare il punto di una cosa *eine Sache einschätzen; umreißen*

puzza
avere la puzza sotto il naso *eingebildet sein*

P

Q

quasi
quasi quasi *beinahe* **114**

quattrino
fare quattrini a palate *Geld scheffeln*

quattro
dirne quattro a qualcuno *jemandem Bescheid stoßen*
farsi in quattro *sich für jemanden ins Zeug legen/ein Bein
ausreißen* **29**

R

raccomandare
mi raccomando! *wenn ich bitten darf!*

ragione
picchiare qualcuno di santa ragione *jemanden gehörig
durchprügeln*

ragno
non cavare un ragno dal buco *trotz Bemühung nichts
zustande bringen*

re
più realista del re *päpstlicher als der Papst*

regno
Nel regno dei ciechi anche un guercio è re. *Unter den Blinden ist der Einäugige König.*

regolata
dare una regolata a qualcuno *jemandem den Kopf
zurechtrücken; zur Raison bringen* **18**
darsi una regolata *sich zusammennehmen; sich beherrschen*

Q/R

retta
dare retta a qualcuno *auf jemanden hören* **109, 115, 125**

risata
farsi delle risate *heftig lachen*

Roma

capire Roma per Toma *etwas missverstehen; sich verhören*
Roma non fu fatta in un giorno. *Rom wurde nicht an einem Tag erbaut.*

romano
fare alla romana *die Restaurantrechnung teilen*

romanzo
romanzo rosa *Liebesroman*

rondine
Una rondine non fa primavera. *Eine Schwalbe macht noch keinen Sommer.*

rosa
Se son rose, fioriranno. *Es wird sich zeigen, ob es etwas wert ist.*
vedere tutto rosa *alles durch die rosarote Brille sehen* **45**

rospo
ingoiare il rospo *den Ärger schlucken*
sputare il rospo *sagen, was man auf dem Herzen hat/denkt*
3, 4

rotella
Gli manca una rotella. *Bei dem ist eine Schraube locker.*
139, 140

ruba
andare a ruba *reißenden Absatz finden; weggehen wie warme Semmeln* **141, 142**

R

S

sacco
un sacco di *eine Menge*
vuotare il sacco *sein Herz ausschütten; ein Geständnis ablegen*

salame
starsene lì come un salame *reglos sitzen*

sale
avere sale in zucca *Grips im Kopf haben*
restare di sale *zur Salzsäule erstarren*

salmo
Tutti i salmi finiscono in gloria. *Es läuft immer auf das Gleiche hinaus; Ende gut, alles gut.*

salto
fare/due quattro salti *das Tanzbein schwingen*
fare salti dalla gioia *Freudensprünge machen*
fare salti mortali *enorme Anstrengungen unternehmen*
fare un salto nel buio *einen Schritt ins Ungewisse tun*

salute
sprizzare salute da tutti i pori *vor Gesundheit strotzen*

salvare
salvare il salvabile *retten, was zu retten ist* **68**

sangue
farsi cattivo sangue *sich sehr über etwas ärgern*
sudare sangue *Blut und Wasser schwitzen*

sano
sano e salvo *wohlbehalten; gesund und munter* **83**

santo
A ogni santo la sua preghiera. *Wes Brot ich ess, des Lied ich sing.*

essere tutto Santi e Madonne *ein Frömmler (Betschwester)*
sein
fare il santo *den Heiligen spielen; heucheln*
Non ci sono santi che tengano. *Da hilft kein Gott.*
non sapere a che santo votarsi *sich keinen Rat wissen*

sapere
Ma che ne so! *Was weiß ich!* **111**
Non si sa mai. *Man weiß ja nie.*

scarpetta
fare la scarpetta *die Sauce mit Brot auftunken*

scatola
averne piene le scatole *die Nase voll haben*
rompere le scatole a qualcuno *jemandem auf den Keks
gehen; nerven* **82, 90, 133, 134**

scherzo
uno scherzo da prete *ein schlechter Witz*

schifo
Che schifo! *Ekelhaft!; Widerlich!* **97**
far schifo *anwidern; anekeln*

scia
seguire la scia di qualcuno *in jemandes Kielwasser fahren*

scopa
Scopa nuova scopa bene. *Neue Besen kehren gut.*

scuola
andare bene/male a scuola *gut/schlecht in der Schule sein*
101, 105

secco
fare secco qualcuno *jemanden umlegen*

segno
colpire nel segno *den Nagel auf den Kopf treffen*

S

sentire
Senti chi parla! *Das musst du gerade sagen!; Das sagt gerade der Richtige!*
sentirsela *sich in der Lage fühlen, etwas zu tun* **62, 89, 131**

serio
dire sul serio *ernst meinen* **37, 82**

sesso
discutere sul sesso degli angeli *um des Kaisers Bart streiten*

settimana
la settimana bianca *die Skifreizeit*

sfidare
Sfido io! *Kein Wunder! Das will ich meinen!*

sfuggita
conoscere qualcuno di sfuggita *jemanden flüchtig kennen*

sgambetto
fare lo sgambetto a qualcuno *jemandem ein Bein stellen*

sistemare
sistemare *unter Dach und Fach bringen; erledigen*
sistemarsi *sich einrichten; heiraten; eine Unterkunft finden*

sodo
venire al sodo *auf das Eigentliche kommen*

sogno
avere un sogno nel cassetto *einen geheimen Traum/Wunsch hegen*
Sogni d'oro! *Träume süß! Schlaf gut!*

soldo
da quattro soldi *wenig wert*
essere pieno di soldi *stinkreich sein* **74**

sole
un sole che spacca le pietre *eine unerbittlich stechende Sonne*
vedere il sole a scacchi *hinter schwedischen Gardinen sitzen*

S

solo

Meglio soli che mal accompagnati. *Besser allein als in schlechter Gesellschaft.*

somma

tirare le somme *das Fazit ziehen*

sordo

Non c'è peggior sordo di chi non vuol sentire. *Es gibt keinen schlimmeren Tauben als den, der nicht hören will.*

sorriso

un sorriso formato tessera *ein gekünsteltes Lächeln; Passbild-grinsen* **70**

sorte

tirare a sorte *losen*

spalla

alle spalle di qualcuno *hinter jemandes Rücken* **5, 126**
fare da spalla a qualcuno *jemandem den Rücken stärken; assistieren*
ridere alle spalle di qualcuno *hinter jemandes Rücken lachen*
vivere alle spalle di qualcuno *auf jemandes Kosten leben* **73, 74**

sparare

spararle grosse *dick auftragen*

spina

staccare la spina *abschalten*
stare sulle spine *auf glühenden Kohlen sitzen*

sposare

sposarsi bene *gut zusammenpassen (Farben, Speisen)*

spugna

bere come una spugna *saufen wie ein Loch* **131, 132**
gettare la spugna *das Handtuch werfen*
passare la spugna su qualcosa *Schwamm drüber*

S

staffa
perdere le staffe *die Fassung verlieren*

stanco
essere stanco morto *todmüde sein* **81**

stato
essere in stato interessante *in anderen Umständen sein* **159, 160**

stinco
non essere uno stinco di santo *nicht gerade ein Heiliger sein*

stoffa
avere la stoffa di (per) *das Zeug haben zu* **103, 104**

stomaco
stare sullo stomaco *auf dem Magen liegen; durch etwas bedrückt sein* **138**
avere uno stomaco di ferro *einen unverwüstlichen Magen haben*
riempirsi lo stomaco *sich den Magen voll schlagen*

straccio
essere ridotto a uno straccio *völlig heruntergekommen sein*
non capire uno straccio *keine Ahnung von etwas haben; absolut nichts verstehen* **109, 110**

strada
essere/andare fuori strada *mit einer Behauptung falsch liegen*
farsi strada *sich Platz verschaffen; emporarbeiten*
Tutte le strade conducono a Roma. *Alle Wege führen nach Rom.*

stretta
essere alle strette *in der Tinte sitzen*
mettere qualcuno alle strette *jemanden in die Enge treiben*

S

struzzo
fare come lo struzzo *den Kopf in den Sand stecken*

stupido
più stupido di così si muore *das ist der Gipfel der Dummheit;
dümmer geht's nicht*

stucco
restare di stucco *wie vom Donner gerührt sein*

stufo
essere stufo di qualcosa *zum Hals raushängen*

suo
stare sulle sue *für sich bleiben*

tale
il signor Tal dei Tali *der Herr Soundso*
tale e quale *genau der-/die-/dasselbe; unverändert*

tana
entrare nella tana del leone *sich in die Höhle des Löwen
wagen*

tangente
prendere una tangente *Schmiergeld akzeptieren*

tardi
far tardi *(zu) spät kommen; sich verspäten*
Meglio tardi che mai. *Besser spät als nie.*

tasca
avere le tasche piene *die Nase voll haben*

tasto
toccare il tasto giusto/falso *die richtige/falsche Saite
anschlagen*

tastoni
andare a tastoni *im Dunkeln tappen*

S/T

tempo
ammazzare il tempo *Zeit totschlagen*
dare tempo al tempo *sich Zeit lassen* **72**
fare il buono e il cattivo tempo *den Ton angeben*
fare in tempo *etwas rechtzeitig schaffen*
Il tempo è un gran medico. *Die Zeit heilt alle Wunden.*
Il tempo porta consiglio. *Kommt Zeit, kommt Rat.*
tutto a suo tempo *alles zu seiner Zeit* **123**

tenere
tenerci *Wert auf etwas legen*

termine
a termine *befristet*
dire qualcosa senza mezzi termini *etwas klipp und klar sagen*
essere a buon termine di qualcosa *mit etwas gut vorankommen*

terno
vincere un terno al lotto *das große Los ziehen*

terra
essere a terra *niedergeschlagen sein* **47**
In terra di ciechi beato chi ha un occhio solo. *Unter den Blinden ist der Einäugige König.*

terreno
perdere terreno *an Boden verlieren*

terrone
il terrone *der Süditaliener (abfällig)*

testa
avere la testa a posto *vernünftig sein* **71, 140**
avere la testa piena di frasche *nichts als Schrullen im Kopf haben*
avere la testa tra le nuvole *in den Wolken schweben*
Chi non ha testa abbia gambe. *Was man nicht im Kopf hat, muss man in den Beinen haben.*
da giù di testa *zum Verrücktwerden; irrsinnig* **61, 62**

T

dare alla testa *zu Kopf steigen (Alkohol)*
fare a testa e croce *eine Münze werfen*
montarsi la testa *überheblich werden*
non saper dove (s)battere la testa *nicht ein noch aus wissen*
44
perdere la testa *den Kopf verlieren*
tagliare la testa al toro *einen (zu) schnellen Entschluss fassen*

tifo
fare il tifo per qualcosa/qualcuno *sich für etwas/jemanden leidenschaftlich begeistern; Schlachtenbummler sein*

tinta
dipingere a tinte forti *in bunten Farben schildern*

tirare
il tira e molla *das Hin und Her*
tirarsela *wichtig tun, eingebildet sein*

tiro
essere fuori tiro *außer Reichweite sein*
fare un brutto tiro a qualcuno *jemandem einen üblen Streich spielen*
un tiro mancino *ein Schlag unter die Gürtellinie*

toccare
toccare a *dran sein; an der Reihe sein* **10**
toccarsi *sich bekreuzigen (eigentlich: sich an die Hoden fassen, um Unheil abzuwenden)*

tocco
l'ultimo tocco *der letzte Handgriff*

tomba
rivoltarsi nella tomba *sich im Grab herumdrehen*

tondo
tondo come l'O di Giotto *rund; präzise; gelungen*

tono
darsi un tono *sich aufspielen*
rispondere a tono *eine treffende Antwort erteilen*

T

231

torchio
mettere qualcuno sotto il torchio *jemanden in die Mangel nehmen* **127, 128**

toro
prendere il toro per le corna *den Stier bei den Hörnern packen*

torto
non avere tutti i torti *nicht ganz Unrecht haben* **78**

trappola
tendere una trappola *eine Falle stellen* **33**

traverso
andare di traverso *in die falsche Kehle geraten; nicht ausstehen können*
prendere qualcosa di traverso *etwas übel nehmen; falsch auffassen*

tre
Non c'è due senza tre. *Aller guten Dinge sind drei.* **155, 156**

tubo
non fare un tubo *überhaupt nichts tun* **129, 130**

turco
bestemmiare come un turco *wie ein Bierkutscher fluchen*
fumare come un turco *wie ein Schlot rauchen* **131**

U

ubriaco
essere ubriaco fradicio *sternhagelvoll sein*

uccello
mangiare come un uccellino *wie ein Vögelchen/Spatz essen*

star come l'uccello sulla frasca *aufbruchsbereit sein;*
gestiefelt und gespornt sein
uccello del malaugurio *Unglücksvogel*

uomo
L'uomo propone e Dio dispone. *Der Mensch denkt, Gott lenkt.*

uovo
camminare sulle uova *wie auf Eiern gehen*
Meglio un uovo oggi che una gallina domani. *Besser den Spatz in der Hand als die Taube auf dem Dach.*
rompere le uova nel paniere *einen Strich durch die Rechnung machen* **35, 36**

utile
unire l'utile al dilettevole *das Angenehme mit dem Nützlichen verbinden* **143, 144**

V

vanvera
parlare a vanvera *aufs Geratewohl losreden* **51**

vela
andare a gonfie vele *ausgezeichnet gehen; gut vorankommen*

veleno
sputare veleno *Gift und Galle spucken*

vena
avere una vena poetica *eine dichterische Ader haben*
non essere in vena *nicht in der Stimmung sein*

venerdì
Gli manca un venerdì. *Der hat nicht alle Tassen im Schrank.*

venire
venire a sapere *erfahren* **47**

vento
disperdere ai quattro venti *in alle vier Winde verstreuen*
Qual buon vento ti porta? *Welch glücklicher Umstand führt dich hierher?*

ventre
come nel ventre del bue *wie in Abrahams Schoß*

verde
essere al verde *abgebrannt sein* **67**
essere nel verde degli anni *jung an Jahren sein*

verità
la verità nuda e cruda *die ungeschminkte Wahrheit*
la verità sacrosanta *die reine Wahrheit* **98**
La verità viene sempre a galla. *Die Wahrheit kommt stets ans Licht.* **99**

vero
tant'è vero che *jedenfalls spricht dafür, dass*

verso
fare un verso *einen Ton von sich geben*
non c'è verso *kommt nicht in Frage* **86**
per certi versi *in einem gewissen Sinne*

via
per vie traverse *auf Umwegen*

vigna
legare le vigne con le salsicce *stinkreich sein*

vino
battezzare il vino *den Wein verwässern*
Il vino fa buon sangue. *Der Wein erfreut des Menschen Herz.*

V

vinto
darsi per vinto *sich geschlagen geben* **109**
volerla vinta *Recht behalten wollen*

viso
fare buon viso a cattivo gioco *gute Miene zum bösen Spiel machen*

vista
conoscere di vista *vom Sehen her kennen*
perdere di vista *aus den Augen verlieren*

visto
averne viste tante nella vita *im Leben viel erlebt haben*
Chi s'è visto, s'è visto. *Was geschehen ist, ist geschehen.*

vita
conoscere vita, morte e miracoli di qualcuno *jemanden ganz genau kennen* **93, 94**
da una vita *seit einer Ewigkeit* **11**
è una vita *es ist eine Ewigkeit her* **101, 133**
fare la vita *auf den Strich gehen*
Finché c'è vita, c'è speranza. *Solange man lebt, besteht noch Hoffnung.*
passare a miglior vita *das Zeitliche segnen*

vite
piangere come una vite tagliata *zum Steinerweichen heulen*

vivo
entrare nel vivo *auf den springenden Punkt kommen*
farsi vivo *sich melden; von sich hören lassen* **82**

voce
avere voce in capitolo *etwas zu melden haben; Einfluss besitzen* **95, 96, 140**
corre voce *man erzählt sich, dass* **93, 160**
passare la voce *sich untereinander absprechen*
spargere la voce *das Gerücht verbreiten, sich herumsprechen*

voglia
avere una voglia matta di *eine wahnsinnige Lust haben auf*

volere
Chi troppo vuole, nulla stringe. *Wer zu viel beginnt, vollendet nichts.*
ci vuole *da braucht's; da ist nötig* **49, 117**
non vuol dire *das hat nichts zu bedeuten; das heißt nichts* **72**

volo
afferrare qualcosa al volo *etwas beim Schopf packen*
capire al volo *im Handumdrehen verstehen* **12**

volta
essere la volta buona *der richtige Augenblick sein*
il più delle volte *meistens*
uno per/alla volta *einer nach dem anderen*

voto
prendere un brutto/bel voto *eine schlechte/gute Note bekommen* **28, 119**

zecca
nuovo di zecca *funkelnagelneu*

zoppo
Chi va con lo zoppo impara a zoppicare. *Man muss mit den Wölfen heulen.*

zuppa
Se non è zuppa è pan bagnato. *Das ist gehopst wie gesprungen.*

Thematisches Nachschlagen

Das thematische Verzeichnis zum Nachschlagen soll Ihnen eine Orientierungshilfe beim Auffinden der Redewendungen sein. Sie möchten beispielsweise beim Verfassen eines italienischen Liebesbriefs sprachlich Eindruck schinden, schauen auf der Suche nach glühenden Worten unter der Kategorie «Liebe und Leidenschaft» nach und finden (hoffentlich) etwas Passendes.

Zwanzig Kategorien sind für fast 1000 Redewendungen, Redensarten, Ausdrucksweisen, Sprichwörter natürlich nicht ausreichend und insofern nur ein Notbehelf: Eine so große sprachliche Vielfalt lässt sich nur mit Mühe und vielen zugedrückten Augen in ein enges Korsett zwängen. Deshalb bitten wir um Nachsicht, wenn Sie einen Begriff unter dem angegebenen Stichwort nicht gleich finden. Viele Zuordnungen sind auch Interpretationssache. Wir haben versucht, ein bisschen nachzuhelfen, indem wir einige besonders große Gruppen noch einmal thematisch unterteilt haben. So gibt es bei «Menschliches» zum Beispiel Unterkategorien wie «Fähigkeiten, Begabungen», «Freude, Glück, Temperament», «Probleme, Ärger» usw. Auffallen wird Ihnen sicher, dass sich bei allen «neutralen» Kategorien die wenigsten Begriffe finden lassen, was in der Natur der Sache liegt: In den seltensten Fällen verhalten sich Menschen neutral zueinander, sondern sind wütend, verliebt, aufgeregt, kurz, sie zeigen Emotion. Die Kategorie «neutral» kann hier aber auch einfach bedeuten, dass sich nicht unbedingt entscheiden lässt, ob etwas positiv oder negativ ist, weil es beides sein kann: «perdere la testa» zum Beispiel kann etwas Schönes sein, wenn man sich glücklich verliebt, kann aber schrecklich sein, wenn man die Kontrolle über sich verliert und jemanden verprügelt.

Einge der hier aufgelisteten Wendungen tauchen im Kontext der Dialoge auf. Die Zahlen hinter den jeweiligen Wendungen zeigen Ihnen, in welchem Dialog der Ausdruck vorkommt.

1. Zeit/Wetter/Alter

a cavallo tra due secoli
zwischen zwei Jahrhunderten

a termine
befristet

acqua passata (non macina più)
Schnee von gestern **43, 159**

all'epoca früher;
damals **94**

ammazzare il tempo
Zeit totschlagen

andare all'altro mondo
sterben

andare per le lunghe
sich hinziehen **49**

Aprile ogni goccia un barile.
Aprilregen ist Gold wert.

avere ancora il latte alla bocca
noch nicht trocken sein
hinter den Ohren

avere le ore contate
nur noch wenig Zeit haben; es
nicht mehr lange machen **29**

bell'e andato
aus und vorbei

buon'anima
selig (von Verstorbenen)

capitare tra capo e collo
unversehens eintreten

caso mai
gegebenenfalls

Chi s'è visto, s'è visto.
Was geschehen ist, ist
geschehen.

Chi va piano, va sano e lontano.
Eile mit Weile.

Cielo a pecorelle acqua a catinelle.
Ist der Himmel voller Schäfchen-wolken, wird's in Strömen gießen.

compiere gli anni
Geburtstag haben **84**

da che mondo è mondo
seit Menschengedenken **99**

da una vita
seit einer Ewigkeit **11**

dare tempo al tempo
sich Zeit lassen **72**

è una vita
es ist eine Ewigkeit her **101, 133**

È inutile piangere sul latte versato.
Was geschehen ist,
ist geschehen.

essere a buon termine di qualcosa
mit etwas gut vorankommen

essere la volta buona
der richtige Augenblick sein

essere lungo come la fame
langwierig sein

essere nel verde degli anni
jung an Jahren sein

essere sulla brace
auf glühenden Kohlen sitzen

far tardi
(zu) spät kommen; sich
verspäten

fare il ponte
ein verlängertes Wochenende
machen

fare in tempo
etwas rechtzeitig schaffen

fare le ore piccole
bis spät in die Nacht aufbleiben
157, 158

Finché c'è vita, c'è speranza.
Solange man lebt, besteht noch
Hoffnung.

Gobba a ponente, luna crescente, gobba a levante, luna calante. Ist
die Wölbung des Monds im
Westen, nimmt er zu, ist sie im
Osten, nimmt er ab.

Il mattino ha l'oro in bocca.
Morgenstund hat Gold im Mund.

il più delle volte
  meistens
Il tempo è un gran medico.
  Die Zeit heilt alle Wunden.
Il tempo porta consiglio.
  Kommt Zeit, kommt Rat.
in fretta e furia
  in Windeseile
in men che non si dica
  im Handumdrehen
in un batter d'occhio
  im Handumdrehen
in un lampo
  blitzschnell
L'ospite e il pesce dopo tre
giorni puzzano.
  Besuch und Fisch stinken nach
  drei Tagen.
La notte porta consiglio.
  Guter Rat kommt über Nacht;
  eine Nacht darüber schlafen
la settimana bianca
  die Skifreizeit
Marzo è un mese pazzo.
  Der April (eigentlich: März)
  macht, was er will.
Marzo pazzerello: vedi il
sole e prendi l'ombrello.
  Der April (eigentlich: März)
  macht, was er will.
Meglio tardi che mai.
  Besser spät als nie.
nel giro di poche ore
  in wenigen Stunden;
  in kurzer Zeit
non veder l'ora
  es nicht abwarten können 82,
  119
oggi come oggi
  heutzutage 138
ogni morte di papa
  alle Jubeljahre; ganz selten 81, 82
passare a miglior vita
  das Zeitliche segnen

passare una notte in bianco
  eine schlaflose Nacht
  verbringen 58
piovere a catinelle
  in Strömen gießen
prima o poi
  früher oder später 104, 127
quando Berta filava
  vor Urzeiten; anno
  dazumal
rimandare qualcosa alle
calende greche
  etwas auf den Sankt-Nimmerleins-Tag verschieben 52
Roma non fu fatta in un
giorno.
  Rom wurde nicht an einem Tag
  erbaut.
stare sulla corda
  auf glühenden Kohlen
  sitzen
sul più bello
  wenn es am schönsten ist; mittendrin; dazu kommt noch, dass
tanto per cambiare
  öfter mal was Neues 121
Tutto a suo tempo.
  Alles zu seiner Zeit. 123
tutto il santo giorno
  den lieben langen Tag
un'acqua che Dio la manda
  ein starker Regen
un sole che spacca le pietre
  eine unerbittlich stechende
  Sonne

2. Aussehen/Erscheinung

andare (stare) a pennello
   wie angegossen sitzen
assomigliarsi come due gocce d'acqua
   einander gleichen wie ein Ei
   dem anderen **41, 42**
avere gli occhi da basilisco
   streng, böse blicken
avere gli occhi da pesce lesso
   ausdruckslose Augen haben;
   scheel dreinblicken
avere l'aria di
   aussehen wie; den Anschein
   haben von
brutta come la befana
   hässlich wie die Nacht (in Bezug
   auf Frauen) **86**
calzare come un guanto
   wie angegossen sitzen
dare nell'occhio
   auffallen
di bella presenza
   gut aussehend; stattlich
essere brutto come il diavolo
   hässlich wie die Nacht sein
essere carico come un asino/un mulo
   wie ein Esel/Maultier bepackt
   sein
essere un'anima lunga
   ein langes Elend sein
L'abito non fa il monaco.
   Eine Kutte macht noch
   keinen Mönch.
rosso come un peperone
   rot wie eine Tomate
sembrare un albero di Natale
   aufgedonnert sein
un capo di abbigliamento
   ein Kleidungsstück

un sorriso formato tessera
   ein gekünsteltes Lächeln;
   Passbildgrinsen **70**

3. Menschliches: positiv

Charakter und Qualitäten

avere del fegato
Mut haben
avere la testa a posto
vernünftig sein **71, 140**
avere sale in zucca
Grips im Kopf haben
avere una vena poetica
eine dichterische Ader haben
essere alla mano
umgänglich sein
essere buono come il pane
herzensgut sein
essere di manica larga
großzügig sein
essere felice come una Pasqua
überglücklich sein **59**
essere il gallo nel pollaio der
Hahn im Korb sein **17, 18**
essere in gamba
fit/tüchtig/helle/talentiert sein
16, 85
essere nato con la camicia
ein Glückspilz sein **101, 102**
essere un amore
ein Schatz sein, ganz süß sein **92**
essere un pozzo di scienza
ein Ausbund der Gelehrsamkeit
sein
saperne una più del diavolo
schlauer als der Teufel sein
toccare il cielo con un dito
überglücklich sein **45, 46, 118**

Fähigkeiten, Einsatz zeigen

afferrare qualcosa al volo
etwas beim Schopf packen
avere la stoffa di (per)
das Zeug haben zu **103, 104**

avere voce in capitolo
etwas zu melden haben; Einfluss
besitzen **95, 96, 140**
cavarsela
es schaffen; davonkommen
cogliere la palla al balzo/volo
die Gelegenheit beim Schopf
packen
colpire nel segno
den Nagel auf den Kopf treffen
dannarsi l'anima per qualcosa
seine Seele für etwas
hingeben
darsi pace
sich beruhigen
darsi una regolata
sich zusammennehmen; sich
beherrschen
entrare nella tana del leone
sich in die Höhle des Löwen
wagen
essere pratico di
sich auskennen mit
far colpo
großen Eindruck machen
farcela
es schaffen **31, 137, 140**
fare bella/brutta figura
einen guten/schlechten Eindruck
machen **147, 148**
fare il bravo
brav sein; keine Dummheiten
machen **20**
fare il buono e il cattivo tempo
den Ton angeben
fare piazza pulita
reinen Tisch machen
fare salti mortali
enorme Anstrengungen
unternehmen
farsi cuore
sich ein Herz fassen
farsi strada
sich Platz verschaffen;
emporarbeiten

243

gettare olio sulle onde
die Wogen glätten
mandare avanti la baracca
den Laden schmeißen; sich über
Wasser halten **71**
mettercela tutta
alles dransetzen; alle Anstrengungen unternehmen **6**
mettersi il cuore in pace
sich beruhigen
**prendere due piccioni con
una fava**
zwei Fliegen mit einer Klappe
schlagen **11, 12**
prendere il toro per le corna
den Stier bei den Hörnern
packen
rimboccarsi le maniche
die Ärmel hochkrempeln; ans
Werk gehen **113, 114**
salvare il salvabile
retten, was zu retten ist **68**
**sapere dove il diavolo tien
nascosta la coda**
wissen, wo Barthel den Most holt
sapere il fatto suo
seine Sache können
**sapere qualcosa come
l'avemmaria**
etwas im Schlaf können
**sapere qualcosa sulla punta
delle dita**
etwas aus dem Effeff können
saperla lunga
ein Lied singen können von
etwas; genau Bescheid
wissen
scegliere il minor male
das kleinere Übel wählen
sentirsela
sich in der Lage fühlen, etwas zu
tun **62, 89, 131**
tagliare la testa al toro
einen (zu) schnellen
Entschluss fassen

tener duro
durchhalten
**tirare l'acqua al proprio
mulino**
das Wasser auf die eigene
Mühle bringen; den Vorteil auf
die eigene Seite bringen
una pazienza da certosino
eine Engelsgeduld **128**
unire l'utile al dilettevole
das Angenehme mit dem
Nützlichen verbinden **143, 144**

Freude, Glück, Temperament

**accendere una candela alla
Madonna**
dem lieben Gott dafür danken,
dass man gut davongekommen
ist; von Glück sagen können **83,
84**
**andare in brodo di
giuggiole**
vor Freude aus dem
Häuschen geraten **39, 40**
andare matto per
verrückt sein auf **153, 155**
aver l'argento vivo adosso
quecksilbrig sein;
nicht zu halten sein
avere facile gioco
leichtes Spiel haben **8**
avere il diavolo adosso
den Teufel im Leib haben
avere ogni bene di Dio
alles haben, was das Herz
begehrt
avere una voglia matta di
eine wahnsinnige Lust haben auf
buttarsi a capo fitto
sich kopfüber stürzen
darsi alla pazza gioia sich ins
Vergnügen stürzen **1**
divertirsi un mondo
sich prächtig amüsieren **81**

essere su di giri
aufgedreht sein

fare il tifo per qualcosa/qualcuno
sich für etwas/jemanden leidenschaftlich begeistern; Schlachtenbummler sein

fare salti dalla gioia
Freudensprünge machen

farsi delle risate
heftig lachen

**non stare più nei propri
panni**
vor Freude aus dem
Häuschen sein **119, 120**

**ridere a crepapancia/a crepa-
pelle**
sich halb totlachen

stare a galla
immer obenauf schwimmen; sich
über Wasser halten

tenersi la pancia dalle risate
sich vor lachen den Bauch halten

vincere un terno al lotto das
große Los ziehen

4. Menschliches: neutral

Charakter, Qualitäten, Begebenheiten

andare bene/male a scuola
gut/schlecht in der Schule sein
101,105

avere l'imbarazzo della scelta
die Qual der Wahl haben **80**

avere la coscienza pulita/sporca
ein gutes/schlechtes Gewissen
haben

avere la testa fra le nuvole
den Kopf in den Wolken haben;
verträumt sein **2**

avere un chiodo fisso
eine fixe Idee haben

avere un sogno nel cassetto
einen geheimen Traum/Wunsch
hegen

averne viste tante nella vita
im Leben viel erlebt haben

cadere dalle nuvole aus allen
Wolken fallen **57, 58**

camminare sul filo del rasoio
auf Messers Schneide sein

campar d'aria
von der Luft leben

capitare a pennello
gerade recht kommen
(auch ironisch) **135, 136**

**capitare/piovere come il cacio sui
maccheroni**
wie gerufen kommen **25, 26**

**conoscere vita, morte e miracoli
di qualcuno**
jemanden ganz genau kennen
93, 94

**essere conosciuto come
la betonica**
bekannt sein wie ein bunter
Hund

essere una buona lana
es faustdick hinter den Ohren
haben

far caso a qualcosa
auf etwas achten

far pena
Leid tun **132**

fare buon viso a cattivo gioco
gute Miene zum bösen Spiel
machen

perdere la testa
den Kopf verlieren

più realista del re
päpstlicher als der Papst

portare i pantaloni
die Hosen anhaben

prendersela
sich etwas zu Herzen nehmen;
etwas übel nehmen

prendersi a cuore qualcosa
sich etwas zu Herzen nehmen

sentirsi fischiare gli orecchi
es in den Ohren klingeln hören

star come l'uccello sulla frasca
aufbruchsbereit sein; gestiefelt
und gespornt sein
stare a cuore a qualcuno
jemandem am Herzen liegen; an
etwas gelegen sein
stare sulle spine
auf glühenden Kohlen sitzen
stare sulle sue
für sich bleiben
starsene lì come un salame
reglos sitzen
tenerci
Wert auf etwas legen
vedere tutto rosa
alles durch die rosarote Brille
sehen 45
**voler la botte piena e la moglie
ubriaca**
etwas Unmögliches wollen
volerla vinta
Recht behalten wollen

Handlungen aller Art

avere le mani in pasta
seine Hände im Spiel haben
**avere un occhio alla gatta e uno
alla padella**
gleichzeitig auf zwei
verschiedene Dinge achten
buttare paglia sul fuoco
Öl ins Feuer gießen
**combinarne (farne) di cotte e di
crude**
die unglaublichsten Dinge
anstellen; nichts auslassen 139
combinarne di tutti i colori
alles Mögliche anstellen; es bunt
treiben 28
fare castelli in aria
Luftschlösser bauen
fare finta di
so tun als ob 3

**governare con il bastone e la
carota**
mit Zuckerbrot und Peitsche
herrschen
lasciar perdere
sein lassen; aufgeben 50
lasciar stare
es (gut) sein lassen 72
levarsi il boccone di bocca
sich den Bissen vom Munde
absparen
marinare
schwänzen
mettere le mani avanti
einem Einwand
zuvorkommen
mettere su casa
einen eigenen Hausstand
gründen
**mettere una pietra su
qualcosa**
einen Strich unter etwas ziehen
49, 50
mollare
aufgeben; hinschmeißen; verlassen (Partner) 50, 80, 94, 111,
159
promettere mari e monti
goldene Berge versprechen 43,
44, 152
ridere sotto i baffi
sich eins ins Fäustchen lachen
sistemarsi
sich einrichten; heiraten;
eine Unterkunft finden
staccare la spina
abschalten
toccare il tasto giusto/falso
die richtige/falsche Saite
anschlagen
toccarsi
sich bekreuzigen (eigentlich: sich
an die Hoden fassen, um Unheil
abzuwenden)

Bequemlichkeit, Gleichgültigkeit

andarsene per i fatti propri
sich um seine eigenen Angelegenheiten kümmern, allein losziehen

attaccare il cappello al chiodo
sich festsetzen; häuslich niederlassen

fare il callo a qualcosa
sich an etwas gewöhnen

fare il proprio comodo
der eigenen Bequemlichkeit leben; den eigenen Vorteil suchen

fare la bocca a qualcosa
sich an etwas gewöhnen

fare marcia indietro
einen Rückzieher machen **46**

fregarsene
sich um etwas nicht scheren; drauf pfeifen **24, 88, 125, 132**

infischiarsi di una cosa
auf etwas pfeifen

lavarsi le mani di qualcosa
seine Hände in Unschuld waschen

non fare né freddo né caldo
einen kalt lassen

prendersela con comodo
sich kein Bein ausreißen; es sich einfach machen **74**

seguire la scia di qualcuno
in jemandes Kielwasser fahren

stare con la pancia all'aria
auf der faulen Haut liegen

trovare la minestra bell'e pronta
sich ins gemachte Nest setzen

trovare la pappa scodellata
sich ins gemachte Nest setzen

5. Menschliches: negativ

Charakter und Qualitäten

avere il pelo sullo stomaco
über Leichen gehen

avere i nervi a fior di pelle
ein Nervenbündel sein; gereizt sein **69, 70**

avere la faccia tosta
unverfroren sein

avere la puzza sotto il naso
eingebildet sein

avere la testa piena di frasche
nichts als Schrullen im Kopf haben

essere come il prezzemolo
überall dabei sein

essere di pasta frolla
ein Waschlappen sein

essere giù di corda
niedergeschlagen sein; durchhängen **123, 124**

essere giù di morale
niedergeschlagen sein; schlecht drauf sein **10**

essere in alto mare
am Schwimmen sein

essere incavolato (nero)
(stink)sauer sein **22**

essere pazzo da legare
völlig übergeschnappt sein

essere ridotto a un lumicino
in den letzten Zügen liegen; am Ende sein

essere ridotto a uno straccio
völlig heruntergekommen sein

essere stonato come una campana
völlig unmusikalisch sein

essere tutto Santi e Madonne
ein Frömmler (Betschwester) sein

essere un guastafeste
ein Spielverderber sein

essere un morto di fame
ein Hungerleider sein

essere un pesce lesso
ein öder/nichts sagender Typ
sein **13, 14**
essere un pezzo d'asino
ein ausgemachter Esel sein
essere un poltrone
ein Faulpelz sein
essere una pappa molle
ein Waschlappen sein
essere una peste
ein Quälgeist sein (Kinder)
fare il doppio gioco
doppeltes Spiel treiben **124**
fare promesse da marinaio
etwas versprechen, was man
nicht hält
Gli manca un venerdì.
Der hat nicht alle Tassen im
Schrank.
Gli manca una rotella.
Bei dem ist eine Schraube locker.
139, 140
grattarsi la pancia
auf der faulen Haut liegen
il capro espiatorio
der Sündenbock
la pecora nera
das schwarze Schaf **105**
legare l'asino dove vuole il
padrone
sein Fähnlein nach dem Wind
hängen
montarsi la testa
überheblich werden
non avere né arte né parte
überhaupt nichts können
non avere peli sulla lingua
kein Blatt vor den Mund
nehmen
non capire uno straccio
keine Ahnung von etwas haben;
absolut nichts verstehen **109,**
110
non essere farina da far ostie
keine vertrauenerweckende
Person sein

non essere né carne né pesce
weder Fisch noch Fleisch sein
non essere uno stinco di santo
nicht gerade ein Heiliger sein
solo come un cane
mutterseelenallein
tenere il piede in due staffe
doppeltes Spiel treiben
tirarsela
wichtig tun, eingebildet sein
verde dalla bile
grün vor Ärger
voltare gabbana
sein Fähnlein nach dem Wind
hängen

Probleme und Ärger

(non) bere la storia
eine Geschichte (nicht) glauben
29, 30
affogare in un bicchiere d'acqua
über eine Kleinigkeit stolpern
andare a tastoni
im Dunkeln tappen
andare in pallone
ins Schwimmen geraten; aus der
Kurve getragen werden
andarsene con la coda fra le
gambe
mit eingekniffenem Schwanz
abziehen
annoiarsi a morte
sich tödlich langweilen **76**
arricciare il naso
die Nase rümpfen
avere la corda al collo
nicht mehr ein noch aus wissen
133, 134
avere l'acqua alla gola
das Wasser bis zum Hals stehen
haben
avere la coda di paglia
ein schlechtes Gewissen haben
avere le mani lunghe
lange Finger machen
avere le tasche piene
die Nase voll haben

avere un diavolo per capello
  schlechte Laune haben
avere un piede nella fossa
  mit einem Bein im Grab stehen
averne fin sopra i capelli
  die Faxen dick haben
averne piene le scatole
  die Nase voll haben
dare di volta il cervello
  spinnen; verrückt werden;
  überschnappen **35**
dare i numeri
  durchdrehen; verrückt werden
  114
darsi per vinto
  sich geschlagen geben **109**
essere a terra
  niedergeschlagen sein **47**
essere alle strette
  in der Tinte sitzen
essere in balìa di qualcuno
  jemandem ausgeliefert sein
essere nei guai
  in Schwierigkeiten sein
essere stufo di qualcosa
  zum Halse raushängen
far casino
  Durcheinander machen; laut sein
far la gatta morta
  sich dumm stellen
fare come lo struzzo
  den Kopf in den Sand stecken
fare i conti senza l'oste
  die Rechnung ohne den Wirt
  machen
fare il broncio
  schmollen; eine Schnute ziehen
  79
fare il santo
  den Heiligen spielen; heucheln
fare l'indiano
  sich dumm stellen
fare le cose col capo nel sacco
  unbesonnen handeln
fare qualcosa col cavolo
  etwas absolut nicht tun

farsi cattivo sangue
  sich sehr über etwas ärgern
farsi venire il mal di fegato
  sich sehr ärgern
finire in galera
  im Gefängnis landen **100**
gettare la spugna
  das Handtuch werfen
mangiarsi il fegato
  sich ärgern, wurmen **71, 72**
mettere la coda fra le gambe
  den Schwanz einziehen
mordersi le dita
  etwas im Nachhinein bereuen;
  sich vor Wut in die Finger
  beißen
navigare in cattive acque
  in der Tinte sitzen
non alzare/muovere un dito
  keinen Finger krumm machen
  75, 76
**non avere niente da mettere sotto
i denti**
  nichts zu beißen haben
non fare un tubo
  überhaupt nichts tun **129, 130**
non poterne più
  etwas nicht mehr aushalten
  können **132**
non saper dove (s)battere la testa
  nicht ein noch aus wissen **44**
non sapere a che santo votarsi
  sich keinen Rat wissen
perdere le staffe
  die Fassung verlieren
piangere come una vite tagliata
  zum Steinerweichen heulen
piantare grane
  Schwierigkeiten bereiten
prendere lucciole per lanterne
  sich etwas vormachen
restare a bocca asciutta
  leer ausgehen
ridursi in maniche di camicia
  arm werden

rimanere con un pugno di mosche
leer ausgehen

riposare sugli allori
sich auf seinen Lorbeeren ausruhen

serbare la pancia ai fichi
sich vor etwas drücken

star fresco
hereinfallen

stare di merda
beschissen dran sein **47, 68**

stare sullo stomaco
im Magen liegen; durch etwas bedrückt sein **138**

tirare troppo la corda
den Bogen überspannen

trovarsi alle corde
in der Klemme sein

trovarsi nei pasticci
in Schwierigkeiten stecken; in der Klemme sein **25**

uscire dai gangheri
aus der Haut fahren

vendere l'anima al diavolo
seine Seele dem Teufel verkaufen **97, 98**

Angeberei, Fehler, Unfähigkeit

darsi delle arie
sich wichtig tun; sich aufblasen

darsi un tono
sich aufspielen

farsi bello con le penne del pavone
sich mit fremden Federn schmücken

non cavare un ragno dal buco
trotz Bemühung nichts zustande bringen

non essere erba del proprio orto
nicht auf dem eigenen Mist gewachsen sein

non essere farina del suo sacco
nicht auf seinem Mist gewachsen sein

non prendere un prete sulla neve
nichts treffen; immer daneben liegen

non sapere che pesci prendere/pigliare
nicht wissen, was man tun soll; mit seinem Latein am Ende sein **9, 10**

perdere terreno
an Boden verlieren

perdersi d'animo
den Mut sinken lassen

pestare l'acqua nel mortaio
sich vergeblich abmühen

più stupido di così si muore
das ist der Gipfel der Dummheit; dümmer geht's nicht

prendere una cantonata
einen Schnitzer machen

spararle grosse
dick auftragen

6. Beziehungen zu anderen: positiv

amici per la pelle
unzertrennliche Freunde
avere qualcuno nella manica
jemandem mit Wohlwollen
begegnen
battere moneta falsa per qualcuno
für jemanden durchs Feuer
gehen
chiudere un occhio
ein Auge zudrücken
dare anche la camicia
auch das letzte Hemd geben
dare una mano
helfen
essere come pane e cacio
dicke Freunde sein
essere cucito a doppio filo
unzertrennlich sein
essere culo e camicia
Kopf und Arsch sein;
unzertrennlich sein
essere due anime in un nocciolo
ein Herz und eine Seele sein
essere pappa e ciccia dicke
Freunde sein **23, 24**
fare da spalla a qualcuno
jemandem den Rücken stärken;
assistieren
fare gran conto di qualcosa/qualcuno
große Stücke auf etwas/
jemanden halten
fare i ponti d'oro a qualcuno
jemandem goldene Brücken
bauen
fare le feste a qualcuno
jemanden mit offenen Armen
empfangen
farsi in quattro
sich für jemanden ins Zeug
legen/ein Bein ausreißen **29**

incrociare le dita
den Daumen drücken **117**
levare le castagne dal fuoco per qualcuno
für jemanden die Kastanien aus
dem Feuer holen **31, 32**
mettere la mano sul fuoco per qualcuno
für jemanden die Hand ins Feuer
legen
mettersi nei panni di qualcuno
sich in jemandes Lage versetzen
107, 108
non torcere un capello a nessuno
niemandem ein Haar krümmen
togliere il disturbo nicht länger
stören wollen

7. Beziehungen zu anderen: neutral

conoscere di vista
vom Sehen her kennen
conoscere i propri polli
seine Pappenheimer kennen **5, 6**
conoscere qualcuno di sfuggita
jemanden flüchtig kennen
essere della stessa pasta
aus dem gleichen Holz
geschnitzt sein **27, 28, 97**
essere pari e patta
quitt sein
fare a braccio di ferro con qualcuno
sich mit jemandem in einer
Kraftprobe messen
strizzare l'occhio a qualcuno
jemandem zuzwinkern **19**
tenere qualcuno sulla corda
jemanden auf die Folter spannen

8. Beziehungen zu anderen: negativ

alle spalle di qualcuno
hinter jemandes Rücken **5, 126**
andare (mandare qualcuno) a farsi benedire
zum Teufel gehen; jemanden zum Teufel schicken **36**
avercela con qualcuno
mit jemandem Streit haben; es auf jemanden abgesehen haben
avere il dente avvelenato con qualcuno eine Stinkwut auf jemanden haben
beccare/prendere in castagna
auf frischer Tat ertappen **21, 22**
cavare gli occhi a qualcuno
jemandem die Augen auskratzen
cogliere sul fatto
auf frischer Tat ertappen
dare ai nervi a qualcuno
jemandem auf die Nerven gehen **92, 100**
dare del filo da torcere a qualcuno
jemandem zu schaffen machen **105, 106**
dare noia a qualcuno
jemanden stören; belästigen
dare una lezione a qualcuno
jemandem eine Lektion erteilen **18**
dare una regolata a qualcuno
jemandem den Kopf zurechtrücken; zur Raison bringen **18**
dire corna di qualcuno
kein gutes Haar an jemandem lassen
dire peste e corna di qualcuno
über jemanden herziehen, kein gutes Haar an jemandem lassen **77**

essere come il diavolo e l'acqua santa
sich wie Hund und Katze vertragen **91, 92**
essere come la gramigna
sich wie eine Klette anhängen
far la festa a qualcuno
jemanden übel zurichten; töten
far vedere la luna nel pozzo a qualcuno
jemandem ein X für ein U vormachen
far venire la barba a qualcuno
jemanden schrecklich langweilen
fare fuori niedermachen; umlegen **98**
fare i conti con qualcuno
mit jemandem ein Hühnchen rupfen
fare lo sgambetto a qualcuno
jemandem ein Bein stellen
fare promesse da marinaio
etwas versprechen und dann doch nicht halten **151, 152**
fare secco qualcuno
jemanden umlegen
fare un brutto tiro a qualcuno
jemandem einen üblen Streich spielen
fare un pesce d'aprile a qualcuno
jemanden in den April schicken
fare una gaffe con qualcuno
bei jemandem ins Fettnäpfchen treten; sich danebenbenehmen
ficcare il naso nelle faccende altrui
die Nase in anderer Leute Angelegenheiten stecken
grattare la pancia alla cicala
jemandem um den Bart gehen
lasciar (cuocere) qualcuno nel proprio brodo
jemanden im eigenen Saft schmoren lassen

252

legarsela al dito
jemandem etwas nachtragen;
ankreiden

mandare qualcuno a quel
paese
jemanden zum Teufel schicken

mangiare il pane a tradimento
auf anderer Leute Kosten leben

mettere i bastoni fra le ruote
Knüppel zwischen die Beine
werfen

mettere il dito nella piaga
den Finger in die Wunde legen
65, 66

mettere in imbarazzo
in Verlegenheit bringen

mettere qualcuno alle strette
jemanden in die Enge treiben

mettere qualcuno sotto il torchio
jemanden in die Mangel nehmen
127, 128

mettere una pulce nell'orecchio
a qualcuno
jemandem einen Floh ins Ohr
setzen

non arrivare alle caviglie di
qualcuno
jemandem das Wasser nicht
reichen können

piantare qualcuno in asso
jemanden im Stich lassen **51**

picchiare qualcuno di santa
ragione
jemanden gehörig durchprügeln

prendere in giro qualcuno
jemanden auf den Arm nehmen
21, 82, 136

prendere qualcuno per il culo
jemanden verarschen **87, 135**

ridere alle spalle di qualcuno
hinter jemandes Rücken lachen

rompere l'anima a qualcuno
jemandem auf den Geist gehen
85, 86

rompere le scatole a qualcuno
jemandem auf den Keks gehen,
nerven **82, 90, 133, 134**

rompere le uova nel paniere
einen Strich durch die Rechnung
machen **35, 36**

tagliare i ponti con qualcuno
die Beziehungen zu jemandem
abbrechen **53**

tendere una trappola
eine Falle stellen **33**

tenere a bada
jemanden hinhalten

9. Beschreibungen und Situationen: positiv

andare a buon fine
einen guten Ausgang nehmen 31
andare a gonfie vele
ausgezeichnet gehen; gut
vorankommen
andare a ruba
reißenden Absatz finden;
weggehen wie warme Semmeln
141, 142
andare in porto
gut ausgehen; klappen **120**
da giù di testa
zum Verrücktwerden; irrsinnig
61, 62
**essere come bere un bicchier
d'acqua**
kinderleicht sein
essere il cavallo di battaglia
das Zugpferd sein; das Stärkste
sein, was man hat
far comodo
gelegen kommen; passen **77, 122**
fare per qualcuno
für jemanden geeignet sein **93,
104, 123, 139**
filare liscio come l'olio
glatt gehen
filare liscio
reibungslos verlaufen
il conto torna
die Rechnung geht auf
indorare la pillola
die bittere Pille versüßen
mettere a disposizione
zur Verfügung stellen **151**
portare bene Glück bringen
prendere una buona piega
sich zum Guten wenden **117,
118**
sposarsi bene
gut zusammenpassen (Farben,
Speisen)

valerne la pena
der Mühe wert sein; sich lohnen

10. Beschreibungen und Situationen: neutral

andare di bene in meglio
immer besser werden
(meist ironisch)
avere a che vedere con qn./qc.
zu tun haben mit jm./etw. **107**
contare qualcosa sulle dita
etwas an den Fingern abzählen
da cosa nasce cosa
aus einer Sache ergibt sich eine
andere
**dare un colpo al cerchio e uno
alla botte**
zwei Eisen im Feuer haben
**essere come il pozzo di
San Patrizio**
unerschöpflich sein
essere in quattro gatti
wenige/eine Hand voll Leute sein
essere l'ago della bilancia
das Zünglein an der Waage sein
**essere raro come le mosche
bianche**
selten wie weiße Raben sein
essere sotto naia
beim Bund/Barras sein
essere sul punto di
im Begriff sein
essere tutt'altra minestra
etwas völlig anderes sein
essere tutt'occhi
völlig in Betrachtung versunken
sein
essere un altro paio di maniche
auf einem anderen Blatt stehen;
ein anderes Paar Schuhe sein
111, 112
essere un porto di mare
ein Taubenschlag sein

far capo a
sich wenden an; seinen Mittelpunkt haben

fare a testa e croce
eine Münze werfen

fare il palo
Schmiere stehen

fare la fila
Schlange stehen **141**

fare la naia
beim Bund/Barras sein

fare qualcosa su due piedi
etwas stehenden Fußes tun

fare un salto nel buio
einen Schritt ins Ungewisse tun

gettare olio sul fuoco
Öl ins Feuer gießen

giocare a mosca cieca
Blindekuh spielen

il morale della favola
die Moral von der Geschichte

invitare cani e porci
Hinz und Kunz einladen

l'altra faccia della medaglia
die Kehrseite der Medaille

la verità nuda e cruda
die ungeschminkte Wahrheit

la verità sacrosanta
die reine Wahrheit **98**

Non c'è un cane.
Kein Mensch ist da.

non essere in vena
nicht in der Stimmung sein

non poter fare a meno
nicht umhinkönnen

non stare più nella pelle
es nicht mehr aushalten können

passare la bandiera
weitergeben (eine Aufgabe)

passare la spugna su qualcosa
Schwamm drüber

pensarci
sich um etwas kümmern; dran
denken **133**

poter fare a meno di qualcosa
auf etwas verzichten können **19**

prendere un brutto/bel voto
eine schlechte/gute Note
bekommen **28, 119**

raddrizzare le gambe al cane
Wasser den Berg hinauffließen
lassen

rendere pane per focaccia
Gleiches mit Gleichem vergelten

restare di sale
zur Salzsäule erstarren

restare di stucco
wie vom Donner gerührt sein

roba che fa resuscitare i morti
ein Zeug, das Tote weckt **87, 88**

salvare capra e cavoli
retten, was zu retten ist

senza fare una piega
ohne mit der Wimper zu zucken

sfondare porte aperte
offene Türen einrennen

sistemare
unter Dach und Fach bringen;
erledigen

soffiare sulla brace
Öl ins Feuer gießen

stare in piedi
Hand und Fuß haben; stehen

strapparsi i capelli
sich die Haare raufen **79, 80**

stuzzicare un formicaio
in ein Wespennest stechen

svegliare il cane che dorme
schlafende Hunde wecken

tirare a sorte
losen

tirare le somme
das Fazit ziehen

toccare a
dran sein; an der Reihe sein **10**

un conto è … un conto è
Es ist eine Sache, aber es ist eine
andere Sache … **111**

11. Beschreibungen und Situationen: negativ

andare a monte
scheitern; ins Wasser fallen
andare a pezzi
in Stücke gehen
andare di male in peggio
immer schlimmer werden
andare di traverso
in die falsche Kehle geraten;
nicht ausstehen können
andare in fumo
ins Wasser fallen
C'è aria di tempesta.
Es ist dicke Luft.
cadere dalla padella nella brace
vom Regen in die Traufe
kommen **125, 126**
cadere nel laccio
in die Falle gehen
cercare il nodo nel giunco
Schwierigkeiten da suchen, wo
keine sind
cercare il pelo nell'uovo
das Haar in der Suppe suchen
77, 78
cercare un ago in un pagliaio
die Stecknadel im Heuhaufen
suchen
comprare la gatta nel sacco
die Katze im Sack kaufen
con questi chiari di luna
in diesen schweren Zeiten
cose da far rizzare i capelli
haarsträubende Dinge
cose fritte e rifritte
abgedroschenes Zeug
dare fastidio
stören; unangenehm sein
dare le pecore in guardia al lupo
den Bock zum Gärtner machen
dare le perle ai porci
Perlen vor die Säue werfen
entrarci come i cavoli a merenda
wie die Faust aufs Auge passen

essere fumo negli occhi
ein Dorn im Auge sein
essere un mare senza fondo
ein Fass ohne Boden sein
essere un pozzo senza fondo
ein Fass ohne Boden sein
essere una cavolata
Quatsch/Unsinn sein
essere una goccia nel mare
ein Tropfen auf den heißen Stein
sein; für die Katz sein
far fatica
Mühe kosten, schwer fallen **68**
far schifo
anwidern; anekeln
fare a pugni
sich prügeln; sich beißen (bei
Farben)
fare il diavolo a quattro
einen Höllenlärm veranstalten
fare una brutta fine
ein übles Ende nehmen; übel
ausgehen **96**
Il pesce puzza dalla testa.
Der Fisch stinkt vom Kopf her.
ingoiare il rospo
den Ärger schlucken
ingoiare la pillola
in den sauren Apfel beißen **92**
la goccia che fa traboccare il vaso
der Tropfen, der das Fass zum
Überlaufen bringt **47, 48**
lasciare a desiderare
zu wünschen übrig lassen
mandare all'aria qualcosa
etwas zunichte machen/vereiteln
non averci a che fare
mit etwas/jemandem nichts zu
tun haben
non avere né capo né coda
weder Hand noch Fuß haben
non essere il caso
unangebracht/unpassend sein
50

non stare né in cielo né in terra
weder Hand noch Fuß haben
non valere un fico secco
keinen Pfifferling wert sein
non valere un'acca
keinen Pfifferling wert sein
per colmo di sventura
zu allem Unglück **48**
portare acqua al mare
Eulen nach Athen tragen
Predicare bene e razzolare male.
Wasser predigen und
Wein trinken.
qualcosa bolle in pentola
da ist was im Busch/faul
rivoltarsi nella tomba
sich im Grab herumdrehen
uccello del malaugurio
Unglücksvogel
un casino della Madonna
ein Heidenspektakel; ein Riesendurcheinander **89, 90**
vedere il sole a scacchi
hinter schwedischen Gardinen
sitzen
vederla nera
schwarz sehen
vendere fumo
blauen Dunst vormachen
venire alle mani
zu Tätlichkeiten übergehen

12. Bewegung/Veränderung

abitare a casa del diavolo
am Ende der Welt wohnen
abitare a due passi
ganz in der Nähe wohnen
andare contro mano
auf der falschen (Fahrbahn)seite
fahren
andare in capo al mondo
ans Ende der Welt fahren; weit
reisen
andare sul cavallo di San Francesco
auf Schusters Rappen reiten
camminare sulle uova
wie auf Eiern gehen
correre come un accidente
wie ein geölter Blitz rennen
da qualche parte
irgendwo; irgendwohin **155**
darsela a gambe
ausreißen; davonlaufen
disperdere ai quattro venti
in alle vier Winde verstreuen
essere fuori mano
außer Reichweite sein
essere fuori tiro
außer Reichweite sein
far fagotto
sein Bündel schnüren; weggehen
fare il giro dell'oca
einen Riesenumweg machen;
sinnlose Wege machen
fare un giro
eine kleine Runde drehen; ein
paar Schritte gehen
fare/due quattro salti
das Tanzbein schwingen
in fila indiana
im Gänsemarsch
mettersi la via fra le gambe
die Beine in die Hand nehmen

perdere di vista
aus den Augen verlieren
piantare baracca e burattini
alles stehen und liegen lassen
stare casa e bottega
Tür an Tür wohnen
tagliare (la) corda
das Weite suchen; abhauen
togliersi dai piedi
verschwinden; abhauen

13. Kurze Wendungen/ Redeeinschübe

a bizzeffe
in Hülle und Fülle
a colpo d'occhio
grob geschätzt
a colpo sicuro
ganz gewiss; mit Sicherheit
a grandi linee
in groben Zügen
a mala pena
mit knapper Not; gerade so
a mano a mano
nach und nach
a occhio e croce
über den Daumen gepeilt
a occhio nudo
mit bloßem Auge
a perdita d'occhio
so weit das Auge reicht
a più non posso
was das Zeug hält
a portata di mano
in Reichweite; griffbereit
a quattr'occhi
unter vier Augen **32**
a regola d'arte
nach allen Regeln der Kunst
a titolo di cronaca
am Rande, beiläufig
ad (in) ogni modo
auf jeden Fall
al cento per cento
hundertprozentig
alla buona
auf einfache Art; schlicht
alla casalinga
nach Hausfrauenart
alla fin fine
im Grunde genommen
anima gemella
Seelenverwandte/r
bell'e finito
fix und fertig

chiaro e tondo
klipp und klar **126**

ci vuole
da braucht's; da ist nötig **49, 117**

coi fiocchi
erstklassig; großartig

colle buone e colle cattive
im Guten und im Bösen **107**

come nel ventre del bue
wie in Abrahams Schoß

da cima a fondo
von oben bis unten; von A bis Z

di primo getto
auf Anhieb

di punto in bianco
Knall auf Fall **50, 118**

fare sì che
erreichen, dass

fatto sta che
Tatsache ist, dass **63**

fiato sprecato
vergebliche Liebesmüh **105**

figlio di buona donna
Hurensohn

figlio di mignotta
Hurensohn

figlio di papà
reiches Söhnchen; von Beruf
Sohn **76**

figlio di puttana
Hurensohn

gira e rigira
man kann es drehen und
wenden, wie man will

il bel paese
Italien

il fior fiore
die Crème de la Crème

il giallo
der Krimi **27**

il polentone
der Norditaliener (abfällig)

il principe azzurro
der Märchenprinz **43**

il signor Tal dei Tali
der Herr Soundso

il terrone
der Süditaliener (abfällig)

il tira e molla
das Hin und Her

in carne e ossa
höchstpersönlich

in fin dei conti
letztendlich **46**

in linea di massima
grundsätzlich

l'ultimo tocco
der letzte Handgriff

la lucciola
die Prostituierte

la perpetua
die Haushälterin des Priesters;
alte, schwatzhafte Frau

meno male
umso besser; zum Glück **74**

nel mio piccolo
im Rahmen meiner bescheidenen
Möglichkeiten

nero su bianco
schwarz auf weiß

(non) c'entra
das hat damit (nichts) zu tun **1,
11, 134**

non c'è modo
auf gar keinen Fall; das geht
nicht an

non c'è verso
kommt nicht in Frage **86**

nuovo di zecca
funkelnagelneu

per amore o per forza
wohl oder übel

per bene
anständig

per certi versi
in einem gewissen Sinne

per conto mio/tuo/suo
auf eigene Faust; für sich allein
149, 150

per modo di dire
sozusagen

per un pelo
um ein Haar
per vie traverse
auf Umwegen
Pinco Pallino
Herr Soundso **141**
può darsi
kann sein **41, 131**
quasi quasi
beinahe **114**
romanzo rosa
Liebesroman
tale e quale
genau der-/die-/dasselbe;
unverändert
tant'è vero che
jedenfalls spricht dafür, dass
tondo come l'O di Giotto
rund; präzise; gelungen
tutto in un fiato
in einem Zug; auf einmal
un fior di
ein Bild von
un letto a castello
ein Stockbett
un pezzo grosso
ein hohes Tier **95**
un segreto di Pulcinella
ein offenes Geheimnis
una buona dose di
eine gehörige Portion **55**
una fregatura
ein Reinfall; eine Verarschung
una vita da cani
ein Hundeleben
uno per/alla volta
einer nach dem anderen
uno scherzo da prete
ein schlechter Witz

14. Körper und Befindlichkeit

avere le mani di pasta frolla
ständig alles fallen lassen
avere una febbre da cavallo
sehr hohes Fieber haben
avere uno stomaco di ferro
einen unverwüstlichen Magen
haben
con il cuore in gola
mit hängender Zunge
dormire come un ghiro
schlafen wie ein Murmeltier **87**
essere a pezzi
fertig/erschöpft sein **56**
essere bagnato come un pulcino
pudelnass sein
essere cotto
fix und fertig sein; erledigt sein
essere di carne e ossa
aus Fleisch und Blut sein
essere in carne
kräftig aussehen; gut im Futter
sein
essere in stato interessante
in anderen Umständen sein **159,
160**
essere sano come un pesce
kerngesund sein
essere sordo come una campana
stocktaub sein
essere stanco morto
todmüde sein **81**
essere tutto pelle e ossa
nur noch Haut und Knochen sein
far venire la pelle d'oca
zum Gänsehautbekommen
fare due/quattro passi
sich die Beine vertreten
fare la nanna
Heia machen
fare la pennichella
ein Nickerchen machen

fare la pipì
Pipì machen
fare un pisolino
ein Nickerchen machen
farsela addosso
sich bepinkeln, sich in die Hosen machen
fumare come un turco
wie ein Schlot rauchen 131
guardare con la coda dell'occhio
aus den Augenwinkeln beobachten
mettere su pancia
einen Bauch ansetzen
Mi scappa la pipì.
Ich muss dringend pinkeln.
portare in braccio
auf dem Arm tragen
prendere una boccata d'aria
frische Luft schnappen
reggere l'anima coi denti
bei sehr schlechter Gesundheit sein; altersschwach sein
sano e salvo
wohlbehalten; gesund und munter 83
secco come un chiodo
spindeldürr 137, 138
sentirsi a proprio agio
sich wohl fühlen
sgranchirsi le gambe
sich die Beine vertreten
sprizzare salute da tutti i pori
vor Gesundheit strotzen
sudare sangue
Blut und Wasser schwitzen

15. Ausrufe

Abbi(a) pazienza!
Immer mit der Ruhe!; Sehen Sie mir (Sieh mir) das nach! 11, 77
Accidenti!
Donnerwetter!; Mein lieber Mann! 84
Acqua in bocca!
Kein Wort davon!; Mund halten!
Affare fatto!
Abgemacht! 39
Altro che!
Von wegen!; Und ob! 88
Apriti cielo!
Um Gottes willen!
Cavoli tuoi!
Dein Bier!; Deine Sache! 76
Che barba!
Wie langweilig!; Das ist ja uralt!
Che cosa ti salta in mente?
Was fällt dir ein?
Che figo!
Was für ein geiler Typ!
Che schifo!
Ekelhaft!; Widerlich! 97
Che ti prende?
Was ist in dich gefahren 24, 121
Che ti venisse un accidente!
Der Teufel soll dich holen!
Chi me lo fa fare?
Wie komme ich dazu?; Wer zwingt mich dazu? 112
Ci mancherebbe altro!
Das hätte gerade noch gefehlt!
Ci siamo!
Es ist so weit!; Da haben wir's!
Col cacchio!
Von wegen!; Denkste!
È un bel pasticcio!
Das ist ja eine schöne Bescherung!
Ecco fatto!
Das hätten wir!; Das wär geschafft!

Facciamo le corna!
Unberufen!
Fai come ti pare!
Mach, was du willst! **92**
Figurati!
Aber ich bitte dich! (wenn etwas
selbstverständlich ist)
Fila!
Verschwinde!; Hau ab! **24**
Gatta ci cova!
Da steckt was dahinter!
Guai!
Wehe!
In bocca al lupo!
Viel Glück!; Toi, toi, toi!
In gamba!
Kopf hoch!; Halt die Ohren steif!
Le ultime parole famose!
Unberufen!
Ma che cacchio!
Was für ein Mist! **137**
Ma che ne so!
Was weiß ich! **111**
Ma ti pare?
Wo denkst du hin?; Keineswegs!
108
Mi raccomando!
Wenn ich bitten darf!
Non fare il cafone!
Benimm dich!; Sei nicht so
stoffelig!
Non si sa mai.
Man weiß ja nie.
Non ti pare?
Denkst du nicht? **11**
Per l'amor del cielo!
Um Himmels willen!
Qual buon vento ti porta?
Welch glücklicher Umstand führt
dich hierher?
Questa è bella!
Das ist ein starkes Stück! **97,126**
Questo è acqua al suo mulino!
Das ist Wasser auf seine
Mühlen!

Senti chi parla!
Das musst du gerade sagen!;
Das sagt gerade der Richtige!
Sfido io!
Kein Wunder!; Das will ich
meinen!
Sogni d'oro!
Träume süß!; Schlafe gut!
Stia comodo!
Lassen Sie sich nicht stören!
Su col morale!
Kopf hoch;! Wird schon wieder!
31
Tante buone cose!
Alles Gute! **160**
Tanto di cappello!
Kompliment!; Hut ab!
Tocca ferro!
Klopf auf Holz! **59, 60**
Un corno!
Den Teufel werde ich tun!;
Von wegen! **69**
Vaffanculo!
Leck mich!

16. Essen, Trinken & Co.

al dente
bissfest

alzare il gomito
kräftig picheln; einen über den
Durst trinken

avere una fame da lupo
einen Bärenhunger haben

**Bacco, tabacco e Venere riducono
l'uomo in cenere.**
Wein, Weib und Gesang sind
des Menschen Untergang. 131

battezzare il vino
den Wein verwässern

bere come una spugna
saufen wie ein Loch 131, 132

cucina casalinga
Hausmannskost

dare alla testa
zu Kopf steigen (Alkohol)

essere goloso di qualcosa
etwas besonders gern essen;
vernascht sein 53

essere ubriaco fradicio
sternhagelvoll sein

essere una buona forchetta
ein guter Esser sein

far gola
Appetit machen; Lust bekommen
auf

far venire l'acquolina in bocca
das Wasser im Munde zusammenlaufen lassen; den Mund
wässrig machen 53, 54

fare la scarpetta
die Sauce mit Brot auftunken

I gusti sono gusti.
Die Geschmäcker sind
verschieden. 153, 154

il paese della cuccagna
das Schlaraffenland

Il vino fa buon sangue.
Der Wein erfreut des Menschen
Herz.

L'appetito vien(e) mangiando.
Appetit kommt beim Essen. 37,
38

le mosche
Kaffeebohnen (im Anisschnaps
Sambuca)

**mangiare a crepapancia/a cre-
papelle**
essen, bis man beinahe platzt

mangiare a quattro palmenti
wie ein Scheunendrescher
futtern

mangiare come un uccellino
wie ein Vögelchen/Spatz essen

mangiare in bianco
Diät essen

mangiare un boccone
einen Happen essen

mettersi ai fornelli
sich an den Herd stellen

**Ne ammazza più la gola che la
spada.**
Vom Fressen sterben mehr Leute
als vom Schwert.

riempirsi lo stomaco
sich den Magen voll schlagen

17. Sprache/Kommunikation/Verstehen

(non) avere un briciolo di buon senso
(k)einen Funken gesunden Menschenverstand haben **33, 34**

abbracciare una decisione
eine Entscheidung treffen

andare/essere fuori strada
mit einer Behauptung falsch liegen

andare in onda
gesendet werden
(Radio, Fernsehen)

aprire il cuore a qualcuno
jemandem sein Herz ausschütten

arrivare al nocciolo
auf das Eigentliche kommen

attaccare un bottone
jemanden voll quatschen **121, 122**

avere il cuore sulle labbra
sein Herz auf der Zunge tragen

avere la battuta pronta
nicht auf den Mund gefallen sein

avere presenza di spirito
geistesgegenwärtig sein

avere qualcosa sulla punta della lingua
etwas auf der Zunge liegen haben

bestemmiare come un turco
wie ein Bierkutscher fluchen

botta e risposta
Rede und Antwort (Wortgefecht)

cambiare discorso
das Thema wechseln **73, 121**

cambiare/voltare le carte in tavola
widerrufen; das Gegenteil behaupten

cantarla a qualcuno
jemandem die Meinung sagen

capire al volo
im Handumdrehen verstehen **12**

capire il latino
eine Absicht verstehen; merken

capire l'antifona
den Wink verstehen

capire Roma per Toma
etwas missverstehen;
sich verhören

come non detto
ich will nichts gesagt haben

Come sarebbe a dire?
Was soll das heißen? **54, 86, 104, 157**

corre voce
man erzählt sich, dass **93, 160**

cucirsi la bocca
ein Schloss vor dem Mund haben

dare retta a qualcuno
auf jemanden hören **109, 115, 125**

dare un colpo di telefono a qualcuno
jemanden anrufen

darla a bere a qualcuno
jemandem etwas weismachen

darsi del tu/Lei
sich duzen/siezen

dipingere a tinte forti
in bunten Farben schildern

dipingere a vivi colori
in bunten Farben schildern

dire due parole a qualcuno
kurz mit jemandem sprechen

dire il fatto suo a qualcuno
jemandem seine Meinung sagen

dire pane al pane e vino al vino
die Dinge beim richtigen Namen nennen

dire qualcosa senza mezzi termini
etwas klipp und klar sagen

dire quattro parole
eine kurze Ansprache halten

dire sul serio
ernst meinen **37, 82**
dirne quattro a qualcuno
jemandem Bescheid stoßen
discorsi campati in aria
leeres Gerede
discutere sul sesso degli angeli
um des Kaisers Bart streiten
entrare nel vivo
auf den springenden Punkt
kommen
essere al corrente
auf dem Laufenden sein **91**
essere di Bergamo
schwer von Kapee sein
essere sordo da quell'orecchio
auf dem Ohr taub sein
essere sulla bocca di tutti
in aller Leute Munde sein
essere tutt'orecchi
ganz Ohr sein
far cantare qualcuno
jemandem zum Reden bringen
far mente locale
sich auf etwas konzentrieren
fare di ogni erba un fascio
alles über einen Kamm scheren
15, 16
fare due/quattro chiacchiere
ein bisschen plaudern **73**
fare il punto di una cosa
eine Sache einschätzen;
umreißen
fare orecchio da mercante
sich taub, dumm stellen
fare un verso
einen Ton von sich geben
farsi vivo
sich melden; von sich hören
lassen **82**
fissare un appuntamento
eine Verabredung treffen **17**
mangiare la foglia
dahinter steigen;
den Wink verstehen

mangiarsi le parole
beim Sprechen die Wörter
verschlucken
mettere il caso
annehmen; voraussetzen
mettere le carte in tavola
die Karten auf den Tisch legen
70
non avere parole
sprachlos sein **37**
non avere tutti i torti
nicht ganz Unrecht haben **78**
non capire un accidente
absolut nichts verstehen
non capire un fico secco
nichts kapieren
non capire un'acca
nur Bahnhof verstehen
non dire mezza parola
kein Sterbenswörtchen sagen **26**
non vuol dire
das hat nichts zu sagen;
das heißt nichts **72**
pagare qualcuno di belle parole
jemanden mit schönen Worten
abspeisen
parlare a vanvera
aufs Geratewohl losreden **51**
parlare con il cuore in mano
in aller Offenheit sprechen
parlare con un fil di voce
mit ganz leiser Stimme reden
parlare fra i denti
sich eins in den Bart murmeln
parlare italiano
Klartext reden
passare la voce
sich untereinander absprechen
passarsi la parola
sich gegenseitig
warnen/benachrichtigen, etwas
weitersagen

Per me è arabo.
Für mich sind das böhmische
Dörfer. **103**

prendere atto di qualcosa
etwas zur Kenntnis nehmen

prendere per oro colato
für bare Münze nehmen

prendere qualcosa di traverso
etwas übelnehmen;
falsch auffassen

**prestare orecchio a
qualcuno**
jemandem Gehör schenken

**promettere qualcosa a denti
stretti**
etwas gezwungenermaßen/
ungern versprechen

**promettere qualcosa a mezza
bocca**
etwas gezwungenermaßen
versprechen

ragionare con i piedi
großen Unsinn zusammenreden

rendersi conto
sich klar machen; verstehen
35, 67

restare a bocca aperta
vor Staunen den Mund nicht
zukriegen

rimanere a bocca chiusa
kein Sterbenswörtchen sagen

ripetere la stessa antifona
immer dasselbe Lied singen

rispondere a tono
eine treffende Antwort erteilen

rizzare gli orecchi
die Ohren spitzen

rompere il ghiaccio
das Eis brechen

saltare di palo in frasca
vom Hölzchen aufs Stöckchen
kommen; vom Hundertsten ins
Tausendste kommen **51, 52**

sentirsi mancare il fiato
sprachlos sein; keine Worte fin-
den/außer Atem sein

solo chiacchiere
nur Geschwätz

spaccare un capello in quattro
Haarspalterei betreiben

spargere la voce
das Gerücht verbreiten,
sich herumsprechen

**spendere una parola
per qualcuno**
für jemanden ein gutes
Wort einlegen

**spiegare qualcosa per filo e per
segno**
etwas haarklein erklären **115, 116**

sprecare il fiato
seine Worte verschwenden

sputare il rospo
sagen, was man
auf dem Herzen hat/denkt **3, 4**

sputare l'osso
mit der Sprache rausrücken

sputare veleno
Gift und Galle spucken

tappare la bocca a qualcuno
jemandem den Mund stopfen

tirare coi denti
an den Haaren herbeiziehen

tirare per i capelli
an den Haaren herbeiziehen

**togliere la parola di bocca a
qualcuno**
jemandem das Wort aus dem
Mund nehmen **145, 146**

**togliere una curiosità a
qualcuno**
jemandem ein kleines Geheimnis
verraten **159**

un lampo di genio
ein Geistesblitz

venire a parole con qualcuno
sich mit jemandem streiten

venire a sapere
erfahren **47**

venire al dunque
auf den Kern einer Sache zu
sprechen kommen

venire al sodo
  auf das Eigentliche kommen
venire all'orecchio di qualcuno
  jemandem zu Ohren kommen
venire in mente
  in den Sinn kommen, einfallen
  51, 94
voler dire
  bedeuten
vuotare il sacco
  sein Herz ausschütten;
  ein Geständnis ablegen

18. Weisheiten für jede Gelegenheit

A cavallo donato non si guarda in bocca
  Einem geschenkten Gaul schaut man nicht ins Maul.
A goccia a goccia si scava la pietra.
  Steter Tropfen höhlt den Stein.
A ogni santo la sua preghiera.
  Wes Brot ich ess, des Lied ich sing.
Cane che abbaia non morde.
  Hunde, die bellen, beißen nicht.
Cane non mangia cane.
  Eine Krähe hackt der anderen kein Auge aus.
Casa mia per quanto piccola tu sia, tu mi sembri una badia.
  Eigener Herd ist Goldes wert.
Chi dorme non piglia pesci.
  Es fällt einem nichts in den Schoß.
Chi fa da sé, fa per tre.
  Selbst ist der Mann.
Chi ha arte, ha parte.
  Handwerk hat goldenen Boden.
Chi ha il lupo in bocca lo ha sulla coppa.
  Wenn man den Esel nennt, kommt er gerennt.
Chi la vuol cotta, chi la vuol cruda.
  Der eine will's gebraten, der andere gesotten; Recht zu machen jedermann ist eine Kunst, die niemand kann.
Chi non fa, non falla.
  Wer schläft, sündigt nicht.
Chi non ha testa abbia gambe.
  Was man nicht im Kopf hat, muss man in den Beinen haben.
Chi troppo vuole, nulla stringe.
  Wer zu viel beginnt, vollendet nichts.

Chi va con lo zoppo impara a zoppicare.
Man muss mit den Wölfen heulen.

Chiodo scaccia chiodo.
Ein Keil treibt den anderen aus.

Cosa rara, cosa cara.
Seltenes gefällt; willst du was gelten, mache dich selten.

Due galli in un pollaio non possono stare.
Zwei Herren im Haus, muss einer hinaus.

È qui che casca l'asino.
Da liegt der Hase im Pfeffer. 1, 2

fare come i pifferi in montagna
Wer andern eine Grube gräbt, fällt selbst hinein.

Fatta la legge, trovato l'inganno.
Kaum ist das Gesetz gemacht, weiß man auch schon, wie man es umgehen kann.

Il ferro va battuto quando è caldo.
Das Eisen muss man schmieden, solange es heiß ist.

Il fine giustifica i mezzi.
Der Zweck heiligt die Mittel.

Il gioco (non) vale la candela.
Es ist (nicht) der Mühe wert. 113

Il lupo perde il pelo ma non il vizio.
Die Katze lässt das Mausen nicht. 19, 20

In terra dei ciechi beato chi ha un occhio.
Unter den Blinden ist der Einäugige König.

L'acqua cheta rovina i ponti.
Stille Wasser sind tief.

L'aquila non piglia mosche.
Mit Kleinkram gibt man sich nicht ab.

L'erba cattiva non muore mai.
Unkraut vergeht nicht.

L'erba del vicino è sempre più verde.
Die Kirschen aus Nachbars Garten schmecken immer besser. 7, 8

L'uomo propone e Dio dispone.
Der Mensch denkt, Gott lenkt.

La farina del diavolo va tutta in crusca.
Unrecht Gut gedeiht nicht. 99, 100

La lingua batte dove il dente duole.
Wem das Herz voll ist, dem geht der Mund über.

La mala erba non muore mai.
Unkraut vergeht nicht.

La malerba cresce in fretta.
Unkraut verbreitet sich schnell.

La morte del lupo è la salute delle pecore.
Des einen Leid ist des andern Freud.

La verità viene sempre a galla.
Die Wahrheit kommt stets ans Licht. 99

Le bugie hanno le gambe corte.
Lügen haben kurze Beine.

Lontano dagli occhi, lontano dal cuore.
Aus den Augen, aus dem Sinn.

Male comune, mezzo gaudio.
Geteiltes Leid ist halbes Leid.

Meglio soli che mal accompagnati.
Besser allein als in schlechter Gesellschaft.

Meglio un asino vivo che un dottore morto.
Lieber dumm leben als gescheit sterben.

Meglio un uovo oggi che una gallina domani.
Besser den Spatz in der Hand als die Taube auf dem Dach.

Moglie e buoi dei paesi tuoi.
Frau und Ochs nehme man aus
dem eigenen Dorf.

Molto fumo e poco arrosto.
Viel Lärm um nichts.

Nella botte piccola sta il vino buono.
Klein, aber fein.

Nel regno dei ciechi anche un guercio è re.
Unter den Blinden ist der
Einäugige König.

Non c'è due senza tre.
Aller guten Dinge sind drei.
155, 156

Non c'è fumo senza arrosto.
Wo Rauch ist, da ist auch Feuer.

Non c'è peggior sordo di chi non vuol sentire.
Es gibt keinen schlimmeren Tau-
ben als den, der nicht hören will.

Non ci sono santi che tengano.
Da hilft kein Beten.

Non è tutto oro quello che luccica.
Es ist nicht alles Gold, was
glänzt.

Non muove foglia che Dio non voglia.
Nichts ist zufällig.

Non parlar di corda in casa di impiccato!
Sprich nicht vom Strick im Hause
des Gehenkten!

Non tutte le ciambelle riescono col buco.
Nicht alles, was man anfängt,
gelingt.

Non tutti i mali vengono per nuocere.
Nicht alles, was schlecht ist,
schadet. 60, 131

O mangi la minestra, o salti a finestra!
Vogel, friss oder stirb!

Oltre il danno anche la beffa.
Wer den Schaden hat, braucht
für den Spott nicht zu sorgen.

Paese che vai, usanze che trovi.
Andere Länder, andere Sitten.

Passata la festa gabbato lo santo.
Der Mohr hat seine Schuldigkeit
getan.

Quando manca la gatta i topi ballano.
Wenn die Katze aus dem Haus
ist, tanzen die Mäuse auf dem
Tisch.

Quando si è in ballo, bisogna ballare.
Wer A sagt, muss auch B sagen.

Quando si parla del diavolo ne spuntano le corna.
Wenn man den Esel nennt,
kommt er gerennt.

Qui il diavolo ci ha messo la coda.
Hier hat der Teufel seine Hand
im Spiel.

Scopa nuova scopa bene.
Neue Besen kehren gut.

Se non è zuppa è pan bagnato.
Das ist gehopst wie gesprungen.

Se son rose, fioriranno.
Es wird sich zeigen, ob es etwas
wert ist.

Sto coi frati e zappo l'orto.
Mein Name ist Hase, ich weiß
von nichts.

Tanto va la gatta al lardo che ci lascia lo zampino.
Der Krug geht so lange zu
Grunde, bis er bricht.

Tra il dire ed il fare c'è di mezzo il mare.
Sagen und Tun sind zweierlei.
55, 56

Tre fili fanno uno spago.
Einigkeit macht stark.

Tre fratelli, tre castelli.
Viel Köpf', viel Sinn.
Troppa grazia Sant'Antonio.
Zu viel des Guten.
**Tutte le strade conducono a
Roma.**
Alle Wege führen nach Rom.
Tutti i nodi vengono al pettine.
Die Sonne bringt es an den Tag.
Tutti i salmi finiscono in gloria.
Es läuft immer auf das Gleiche
hinaus; Ende gut, alles gut.
Tutto fa brodo.
Kleinvieh macht auch Mist.
Tutto il mondo è paese.
Es wird überall mit Wasser
gekocht.
Una rondine non fa primavera.
Eine Schwalbe macht noch
keinen Sommer.

19. Liebe und Leidenschaft

battere il marciapiede
auf den Strich gehen
essere innamorato cotto
unsterblich verliebt sein **70**
fare gli occhi dolci a qn.
jemandem verliebte Augen
machen
fare l'occhio di triglia a qualcuno
jemandem verliebte Augen
machen
fare il cascamorto
Süßholz raspeln
fare il filo a qualcuno
jemandem den Hof machen **8,
17**
fare l'asino con le donne
Frauen tölpelhaft und aufdringlich den Hof machen
fare la vita
auf den Strich gehen
**L'amore fa passare il tempo e il
tempo fa passare l'amore.**
Die Liebe lässt die Zeit vergehen,
die Zeit lässt die Liebe vergehen.
mettere le corna a qualcuno
jemandem Hörner aufsetzen **7**
prendere una cotta per qualcuno
sich in jemanden verknallen **4**
spezzare il cuore a qualcuno
jemandem das Herz brechen
un colpo di fulmine
Liebe auf den ersten Blick **43**
**Tra moglie e marito non mettere il
dito!**
Misch dich nicht in die Angelegenheiten von Eheleuten!
voler bene a qualcuno
jemanden lieb/gern haben

20. Arbeit und Geld

a buon mercato
preisgünstig
arrivare a buon punto
weit kommen (bei einer Arbeit)
avere le mani bucate
Geld verschleudern, verschwenderisch sein **67, 68**
cifre astronomiche
Unsummen **48**
costare (spendere) un patrimonio
ein Heidengeld kosten (ausgeben) **64**
costare un occhio della testa
ein Vermögen kosten **63, 64**
da quattro soldi
wenig wert
darsi da fare
sich anstrengen; sich Mühe geben **113**
essere al verde
abgebrannt sein **67**
essere in bolletta
abgebrannt sein
essere pieno di soldi
stinkreich sein **74**
fare alla romana
die Restaurantrechnung teilen
fare il passo più lungo della gamba
über seine Verhältnisse leben
fare il portoghese
nassauern; sich ums Bezahlen drücken
fare qualcosa coi piedi
etwas (eine Arbeit) schlecht machen
fare quattrini a palate
Geld scheffeln
lavorare a olio di gomito
sehr viel arbeiten
legare le vigne con le salsicce
stinkreich sein

non guadagnarsi neppur l'acqua per lavarsi le mani
nicht einmal das Allernotwendigste verdienen
nuotare nel lardo
im Überfluss schwimmen
piantare chiodi
Schulden machen
prendere una tangente
Schmiergeld akzeptieren
prendersi una gatta da pelare
sich eine schöne Arbeit aufhalsen
sudare sette camicie
sich im Schweiße seines Angesichts abmühen
un lavoro da certosino
eine Geduldsarbeit
una bella cifra
ein schönes Sümmchen
vivere alle spalle di qualcuno
auf jemandes Kosten leben **73, 74**

271

Nützliche Vokabeln

In diesem Glossar finden Sie – alphabetisch sortiert – die zusätzlich aufgeführten Vokabeln aller acht Lektionen, die nicht ins Redewendungen-Repertoire gehören. Sofern Substantive (Hauptwörter) an der Endung nicht zu erkennen sind, steht bei Maskulina (männlichen Wörtern) in Klammern ein m dahinter, bei Feminina (weiblichen Wörtern) ein f. Erscheint die Vokabel nur im Plural (Mehrzahl), ist das mit der Abkürzung Pl. kenntlich gemacht. Die Zahl hinter jeder Vokabel gibt an, in welcher Lektion sie vorkommt.

A

abituato
gewöhnt **1**
accordo: d' ~
einverstanden **7**
accorgersi
(be)merken **3**
acqua salata
Salzwasser **2**
addirittura
sogar **6**
adorare
anbeten **8**
affari (m, Pl.)
Geschäfte **7**
affidabile
vertrauenerweckend **8**
affittare
mieten **5**
affitto
Miete **4**
agente immobiliare (m+f)
Immobilienmakler/in **4**
agenzia
Agentur **3**
allegro
fröhlich **6**

allievo
Schüler **8**
alzarsi
aufstehen **5**
ambiente (m)
Umfeld, Bereich **8**
amico migliore
bester Freund **2**
ammettere
zugeben **8**
ammirare
bewundern **6**
analisi medica (f)
medizinische Untersuchung **7**
andare avanti
weitermachen **7**
andarsene
(weg)gehen **2**
angelo
Engel **2**
animatrice (f)
Animateurin **6**
anno scolastico
Schuljahr **6**
anzi
oder eher, besser gesagt **5**
appalto
öffentliche Ausschreibung **5**

appunto
  eben, genau 1
argilla
  (Töpfer)ton 6
arrabbiato
  wütend 1
arrendersi
  aufgeben 1
arrivarci
  darauf (zu sprechen) kommen 1
articolo
  Artikel 5
artista (m+f)
  Künstler/in 8
artistico
  künstlerisch 6
ascoltare
  (zu)hören 3
assicurazione (f)
  Versicherung 6
assomigliare
  ähnlich sein 3
assumere
  einstellen 6
assurdo
  absurd 4
atletico
  athletisch 1
attività
  Beschäftigung, Aktivität 8
attraente
  attraktiv 7
attrice (f)
  Schauspielerin 4
attuale
  derzeitig 1
aumentare
  zunehmen 3
automaticamente
  automatisch 3
avvisare
  ankündigen
avvocato
  Anwalt 3
azienda
  Betrieb, Unternehmen 1

B

babbo
  Papa 2
baccano
  Riesentrubel 5
banco
  Theke 5
barca a vela
  Segelboot 1
be'
  nun 2
befana
  hässliche, alte Frau 5
bello mio
  mein Lieber 2
ben diverso
  ganz anders 1
benessere (m)
  Wohlfühlen, Wellness 7
biglietto omaggio
  Freikarte 8
bisogno: non c'è (ne) ~
  ist nicht nötig 4
botteghino
  Schalter (Theater, Stadion) 8
buco
  Loch 2
bussare
  klopfen 7
buttare via
  wegwerfen 7

C

cambiamento
  (Ver)änderung 1
campagna
  Kampagne 3
campagna: in ~
  auf dem Land 5

condizione: a ~ (che)
unter der Bedingung 5
confessare
gestehen, beichten 5
confessione (f)
Beichte, Geständnis 1
conforto
Trost 3
confronti: nei ~ di
gegenüber 2
conquistare
erobern 1
considerare
halten für 1
consolare
trösten 7
consolidarsi
sich festigen 1
consumato
verbraucht 4
contare (su)
zählen (auf) 2
contemporaneamente
gleichzeitig 2
contraddire
widersprechen 6
contro
gegen 4
controllare
kontrollieren, überprüfen 8
coppia modello
mustergültiges Paar 4
coraggio (!)
Mut (nur) 1
correre
rasen 5
corrotto
korrupt 5
corso di montaggio
Cutterkurs 6
corso serale
Abendkurs 6
cosa: a far ~?
um was zu tun? 4
cosiddetti
so genannte 6

costi (m, Pl.)
Kosten 4
costi viaggio (m, Pl.)
Reisekosten 3
costosissimo
irre teuer 2
costruzione (f)
Bau, Errichtung 5
creare
schaffen 6
credito
Kredit 4
crisi (f)
Krise 3
cromato
verchromt 4
cubano
kubanisch 2
cucina americana
Einbauküche 4
cui: di ~
wovon 6

D

da tutto ciò
aus alledem 2
da un bel po'
seit geraumer Zeit 1
debiti (m, Pl.)
Schulden 1
decisione (f)
Entscheidung 3
dedicarsi a
sich widmen 8
definitivamente
definitiv, endgültig 3
delicato
empfindlich 6
delinquente (m+f)
Verbrecher/in 2
deludere
enttäuschen 8

dentista (m+f)
Zahnarzt/ärztin 5
dettagliatamente
genau, en détail 7
dettaglio
Detail 6
difendere
verteidigen 2
difetto
Fehler 8
differenza
Unterschied 3
dimagrire
abnehmen 7
diminuzione (f)
Reduzierung 6
dipendente
abhängig 5
diploma scolastico (m)
Schulabschluss 6
direzione aziendale (f)
Betriebsleitung 2
disastro
Katastrophe, Unglück 1
disciplina
Disziplin 3
disco
Schallplatte 8
discorso
Thema 5
disintossicazione (f)
Entgiftung 7
disoccupazione (f)
Arbeitslosigkeit 1
distacco
Loslösung, Abstand 3
distrarsi
sich zerstreuen 2
diverso
verschieden, anders 6
divertente
lustig, amüsant 1
donna di servizio
Zugehfrau 4
donnaiolo
Weiberheld 1

dote (f)
Begabung 6
dovuto a
aufgrund von, wegen 1
droga
Droge 5
drogato
Drogenabhängiger 6
dubitare
zweifeln 6
durare
dauern, halten 3
eccezione (f)
Ausnahme 4
educazione (f)
Erziehung 2
effetti (in)
in der Tat 1
elemento
Element 8
emotivo
gefühlsmäßig 3
ennesimo
x-te/r/s 3
entro
innerhalb, binnen 2
entusiasmante
begeisternd 1
entusiasmo
Begeisterung 2
equilibrio interiore
inneres Gleichgewicht 7
eredità
Erbe 4
ereditare
erben 4
errore (m)
Fehler 4
esaurito
ausverkauft 8
esigente
anspruchsvoll, fordernd 7
esigenza
Anspruch 3
esistere
existieren 5

esplosivo
explosiv 8
estate (f)
Sommer 5
Euro
Euro 4
evidente
eindeutig, klar, deutlich 2

faccenda
Angelegenheit 4
facile
einfach, leicht 2
fallimento
Scheitern, Konkurs 7
riferimento: fare ~ a
Bezug nehmen auf 8
fascino
Faszination 2
fase (f)
Phase 3
fedele
treu 1
fegato
Leber 5
fiamma
Flamme 7
ficcanaso (m+f)
Schnüffler/in 2
fidanzata
feste Freundin, Verlobte 1
fiera
Messe 4
figli (m, Pl.)
Kinder 3
finanziario
finanziell 1
finora
bis jetzt 4
fisica
Physik 6

fisicamente
körperlich 7
footing: fare (il) ~
joggen 7
forma letteraria
literarische Form 8
forza: (per ~)
Kraft (zwangsläufig) 6, 7
francese
französisch, Franzose; Französin 4
frattempo: nel ~
inzwischen 1
freccette: giocare a ~
Dart spielen 5
frenare
bremsen 5
funerale (m)
Beerdigung 5
fuori di sé
außer sich 3
furto
Diebstahl 2

gemelle (f, Pl.)
Zwillingsschwestern 3
gemma
Gemme, Juwel 3
generazione (f)
Generation 5
genere: una cosa del ~
etwas Derartiges, so etwas 2
gestire
verwalten 4
gioiello
Juwel, Schmuckstück 4
giornale (m)
Zeitung 7
giornalista (m+f)
Journalist/in 4
giovani (m+f, Pl.)
junge Leute 2

inizio
Anfang **5**
innamoramento
Verliebtheit **3**
innocente
unschuldig **2**
innocenza
Unschuld **2**
inoltre
außerdem **4**
insalata russa
Gemüsesalat mit Mayonnaise **7**
insistere
auf etwas bestehen, beharren **3**
insolito
ungewöhnlich **2**
insopportabile
unerträglich **2**
intendere
meinen, beabsichtigen **1**
intendersi
sich auf etwas verstehen **6**
intenzione: avere ~
die Absicht haben **8**
interno: all'
innerhalb **6**
interpretazione (f)
Deutung, Interpretation **8**
intervista
Interview **8**
invadente
aufdringlich **5**
invano
umsonst, vergebens **3**
inverno
Winter **5**
invidiare
beneiden **7**

L

là
da, dort **5**
ladro
Dieb **2**
lamentarsi
sich beklagen **1**
lato: da un ~ ... dall'altro (~)
einerseits … andererseits **7**
lavoretto
Job, Gelegenheitsarbeit **6**
lavoro: lavori (Pl.) di casa
Hausarbeit **4**
~ manuale
Handarbeit **6**
~ stagionale
Saisonarbeit **6**
lettore (m)
Leser **8**
libreria
Buchhandlung **8**
licenziarsi
kündigen **3**
liceo classico
altsprachliches Gymnasium **1**
lieto fine (m)
Happy End **2**
limite (m)
Grenze **4**
liquore al caffè (m)
Mokkalikör **5**
litigare
streiten **2**
litigio
Streit **5**
logica femminile
weibliche Logik **7**
lottare
kämpfen **3**

279

M

macché!
ach was! **1**
magari!
schön wär's! **2**
maggiorenne
volljährig **7**
magia
Magie, Zauberkraft **2**
magro
schlank, mager **7**
male: che ~ c'è?
was ist (schon) dabei? **5**
male: non essere mica ~
nicht übel sein **7**
mantenere
halten **8**
maschio
Junge, Männchen **6**
materia (scolastica)
(Schul)fach **6**
materie scientifiche
naturwissenschaftliche Fächer **6**
matrimonio d'interesse
Zweckheirat **3**
matto
Verrückter, verrückt **5**
maturità
Abitur **6**
mazzetta
Bündel (Geldscheine) **2**
medico di famiglia
Hausarzt **7**
meno male
zum Glück **4**
mensa
Kantine **2**
meraviglia: a ~
wunderbar **1**
meravigliarsi
sich wundern **3**

mestiere (m)
Beruf, Metier **8**
mettere via
weglegen **4**
mezzo: in ~ a
mitten in/im **4**
micidiale
tierisch **3**
miei: i ~ (genitori)
meine Eltern **2**
migliorare
besser werden, sich verbessern **4**
migliore (m+f)
Beste/r **4**
minimo
geringste/r/s **2**
modella
Fotomodell **3**
modestia
Bescheidenheit **4**
modesto
bescheiden **4**
modo: ad ogni ~
auf jeden Fall;
in qualche ~
irgendwie **1, 4**
montaggio
Schnitt **6**
montatore (m)
Cutter **6**
moquette (f)
Teppichboden **2**
mostro
Monster **3**
musicista (m+f)
Musiker/in **8**

N

nascondere
verstecken **8**
nervoso
gereizt **1**

nobile
adlig, Adels... **4**

noiosissimo
stinklangweilig **1**

notizie: belle ~ (f, Pl.)
gute Neuigkeiten **8**

nulla
nichts, null **4**

nuoto
Schwimmen **7**

nuovo: di ~
wieder **2**

oddio!
O Gott! **1**

odiare
hassen **5**

offerta
Angebot **6**

opporsi
sich widersetzen **5**

orecchio, orecchie
Ohr, Ohren **2**

orgoglioso
stolz **6**

orologio d'oro
goldene Uhr **2**

ospitare
beherbergen **5**

ostacolo
Hindernis **1**

ottimista (m+f)
Optimist/in **2**

palestra
Fitnessstudio, Turnhalle **7**

paragonar(si)
(sich) vergleichen **4**

parcheggio
Parkplatz **7**

pare: a quanto ~
wie es scheint **3**

passaggio
Mitfahrgelegenheit **5**

passare (voglia)
vergehen (Lust) **6**

pendolare (m+f)
Pendler/in **5**

perfettamente
völlig, perfekt **8**

pericolo: fuori ~
außer Gefahr **2**

periodo
Zeit, Phase **3**

permettere
erlauben, leisten **4**

persona sospetta
der/die Verdächtige **2**

personaggio
Person **8**

pesante
schwer **7**

pesare
wiegen **7**

pessimo
ganz schlecht, miesest **2**

pianista (m+f)
Pianist/in **8**

pigrizia
Faulheit **4**

pittura
Malerei **8**

più ... meno
je mehr ... desto weniger **2**

polvere (f)
Pulver **5**

porcheria
Schweinerei **2**

porco
Schwein **1**

porre
stellen **5**

Q

quindi
also 1

R

rabbia
Wut 1
ragazzina
Mädchen 1
ragione: (avere ~)
Grund, Ursache (Recht haben) 1
ragionevole
vernünftig 4
rata
Rate 4
reagire
reagieren 6
reazione (f)
Reaktion 3
recentemente
kürzlich 4
recuperare
aufholen, nachholen 6
redattore (m)
Redakteur 6
redazione
Redaktion 8
regina
Königin 5
responsabilità
Verantwortung 7
retribuito
bezahlt, vergütet 6
riconoscersi
sich wiedererkennen 8
riconquistare
wieder erobern 3
riconversione professionale (f)
Umschulung 6
ricostruire
rekonstruieren 2
riempirsi
sich voll stopfen 3

riguarda: per quanto ~
in Bezug auf, was … betrifft 3
riguardare
betreffen, angehen 8
rimandare
verschieben 5
rimborso
Erstattung 3
rimpiangere
bedauern 4
rinunciare
verzichten 3
riparlarne
wieder darüber sprechen 8
riprendere
aufnehmen, fotografieren,
filmen, aufgreifen 3, 5
riprendersi
sich erholen, zu sich kommen 3
risarcimento
Entschädigung 2
rischio: (correre il ~)
Risiko (Gefahr laufen) 7, 3
risolvere
lösen 3
risparmio
Gespartes 1
rispetto a
im Vergleich zu 3
ristrutturazione
Renovierung 4
risuscire a
es schaffen 6
risveglio
Erwachen 5
ritardo
Verspätung 7
ritratto
Bild, Porträt 5
rivolgersi a
sich wenden an 6
roba
Zeug 7
robaccia
Mist, wertloses Zeug 6

romanzo
Roman 8
rovinare
ruinieren 1
rubare
stehlen 2

S

sacchettino
Säckchen, Beutelchen 5
sacco a pelo
Schlafsack 2
sala polivalente
Mehrzweckhalle 5
saldi (m, Pl.)
Schlussverkauf 4
sano
gesund 7
santo
Heiliger 2
sbagliarsi
sich irren 4
sbagliato
falsch 6
scarpe ortopediche (f, Pl.)
orthopädische Schuhe 8
scegliere
wählen 1
scelta
Wahl, Entscheidung 4
scemo
dämlich, bekloppt 2
scettico
skeptisch 2
scherzare
Witze machen 1
schifoso
ekelhaft 5
scommettere
wetten 2
scomparire
verschwinden 2

scoprire
entdecken 6
scordare
vergessen 2
scotto
verkocht 7
Scozia
Schottland 2
scrittore (m)
Schriftsteller 8
scuola dell'obbligo
Pflichtschule 6
secondo te
deiner Meinung nach 4
segreto
Geheimnis 1
seguire
(be)folgen 6
senz'altro
aber klar, sicher 5
servire
nützlich sein 2
settore (m)
Gebiet 1
severo
streng 6
sfortuna
Pech 6
sforzo
Anstrengung 7
sfruttare
ausbeuten 6
siccome
da, weil 8
sigaro
Zigarre 2
signorino
feines Söhnchen 2
sinceramente
ehrlich gesagt 8
sognatore (m)
träumerisch, Träumer 1
sogno
Traum;
neanche per ~
nicht mal im Traum 2, 5